女性と暴力

——世界の女たちは告発する

FEMMES ET VIOLENCES
DANS LE MONDE

ミシェル・ディラス［監修］　日仏女性資料センター翻訳グループ［訳］

未來社

Michèle DAYRAS
Femmes et violences dans le monde

日本語版のための序文——暴力は男の権利か？

ブノワット・グルー

女性に対する暴力は、宗教や政治体制が何であろうと、あらゆる国で昔から日常的に行われてきた。それにもかかわらず、たいていの場合、暴力の存在は否定されている。女性への暴力は「男性の女性に対する全面的支配の拠りどころ」であると認識されてないために、問題として扱われない。

女性への暴力は、その本質から、そして、常に口実が見つけられることから、きわめて破廉恥な権力の乱用であり、男性の女性蔑視がもっとも卑劣なかたちで表れたものである。そのうえ、犠牲者の品位はもとより、暴力を振るう側の品位も汚されるのである。この暴力の本質的な意味について、今まで一度も熟考される機会がなかったのはなぜだろうか？　事実が隠蔽されるのには二つの理由があると思われる。

◆第一に、暴力の犠牲者は、ほとんど無力で発言する機会をもっていないから。

◆第二に、暴力を振るう者、つまり加害者は家父長制社会の不可欠な成員であり、父や夫など主要メンバーであること。なかには法律家、実業家、政治家、警察官、軍人も含まれているかもしれず、要するに権力を握る者の犯す行為であり、彼らは自らが糾弾されるのを拒否するからだ。

暴力、特に性的暴力をめぐっては暗黙の示し合わせがあり、あたかも触れてはならない話題であるかのごとく、調査追究は断念させられてきた。今日でさえも、研究者は当たりさわりのない用語を選び、不快感を与えかねない詳細な事柄はあいまいにぼかし、事実を隠している。たとえば、虐待、レイプ、殺人の九〇％は男性による行為であるのに、社会学者は「家庭内暴力」というあいまいな名称でそれらをひとくくりにしたがる。あたかも、「暴力行為というものは、多分に意識的な脅しの行動のひとつであり、それによってすべての男性は事実上、すべての女性を恐怖と隷属の状態に押し込めている」（注1）という真実の直視を拒否するかのごとくである。

沈黙は暗黙の共犯に等しく、沈黙するすべての国は共犯関係にあるとあらためて言わなければならない。男性はいかなる場合にも、他の男性の暴力の共犯者なのである。とりわけ、偽善的であること、また、情報を与えないという点で共犯者である。しかしながら、解決のための行動に協力して取りくんできたいくつかの国もある。欧州評議会は加盟国に対して、すでに一〇年前に、「家庭内暴力」（またしても男性の感性を傷つけない表現で）に関する勧告を発している。つい最近では、一九九三年に国連総会で「女性に対する暴力撤廃宣言」（表現が徐々に現実に近づくのがわかる）が採択され、さらに一歩前進したと言える。この宣言では、女性に対する暴力はもはや文化の問題、私的、個人的領域の問題とみなされるべきではなく、普遍的権利に関わり、国家的政策を必要とする政治の問題として扱われるべきである、という全く新しい原則が打ち出されている。この決議は国連によって採択された。したがって、これからは、女性の権利や身体に対する侵害を正当化するために、「女性の本質」や風習、あるいは宗教的戒律といったものを引き合いにだすことはできなくなるだろう（注2）。

また、今日のフェミニズムにおいては、暴力の問題を原因にさかのぼって、包括的にとらえようとする分析法に努力が傾けられている。暴力は自制心の一時的な喪失や対話の困難から生まれると考えるのではなく、暴力はパートナーである女性に対する男性の支配であり、いわゆる男らしさという価値のもとにこの支配が堅持されるという全体的状況の中でとらえなおされている。また分析によって、社会的に無力で隷属状態におかれた女性がいつも犠牲になっている点が強調されている。女性を占有することは非常に古い社会構造に由来しており、許されてきた暴力の記憶が、お互いの無意識の内に生き残っているのは当然である。暴力が始まるきっかけには男性としての能力の喪失あるいは保持が密接に関係している。わたしたちは男らしさと暴力があまりにしばしば一体化し、過大評価されるという心理的風土のなかで生きているわけである。

象徴的な例をあげよう。六〇年代からアメリカで流行したハードロックは、英雄的で美しく、ほとんど宗教的であろうとする暴力の転換された姿なのである。若者に強烈な影響を与えたジム・モリソン、ドアーズ、ヘルス・エンジェルス、ローリング・ストーンズのミック・ジャガーなどのスターは、ステージ上の偽装レイプや、少女たちの性的陶酔を引き起こすことをもくろんだ激しく荒々しいショーで名声を築いたのだ。少女たちは恍惚となり、少年たちは暴発する。もっとも暴力的な雄の神話化の影響が長期にわたっていることがわかる。

女性に対する暴力は存在し、なくすことができない。この現実に直面して、メディアは、民族紛争によるレイプや殴られる女性の悲惨な事件を報道することだけに満足せず、男女の関係について批判的な分析を行う必要があるだろう。

昨今の暴力の再燃を、男性の動揺が原因だと説明されることがよくある。女性解放の風潮に影響されたパートナーから受けた心的外傷のせいなのだそうだが、本当だろうか。この「男の弱さ」があるかぎり、政治、科学、芸術、経済、セックスなど男性が重要と考えるあらゆる領域での男性支配は安泰というわけなのだろう。真の進歩とは、男性から暴力という悪癖を取りのぞくだけではなく、――そのためにはかなりの時間がかかるが、――女性が暴力の危険から逃れることを学習し、勇気を出して暴力を告発することである。

おそらく男女いずれにとっても困難な手続きであろう。なぜなら暴力という嘆かわしい行為を温存してきた伝統的イメージを断ち切るのだから。しかしながら、それは真に新しい社会、自由・平等・兄弟姉妹愛という言葉が本来の意味を持つ社会へと踏み出す希望にみちた挑戦なのだ。

（一九九八年十月）

（訳　伊吹弘子）

（注1）Susan Brownmiller,《Against our Will》から引用

（注2）一億二千万人以上のアフリカ女性が犠牲になっている性器切除は、したがって、処罰されることになるだろう。

目次

女性と暴力—世界の女たちは告発する

女性と暴力——世界の女たちは告発する

第I章　世界で

1 女性に対する戦争、欺瞞はもうたくさん！

シュザンヌ・ブレーズ

外国では公然と論じられているのに、フランスのジャーナリズムが取り上げない戦争がある。それは女性に対する戦争である。(注1)イスラム原理主義国家では堂々と行われているが、民主主義国家では見えないところで進行しているのがこの戦争だ。普遍的で性別には関係がないとされている人権。それを侵害する国と、女性に対して犯罪行為を行う国に対してとでは、国連などの国際機関や西欧諸国による威嚇や制裁の加え方が違う。違いについては説明するまでもないが、女性に対する戦争という点から一考に値する。確かに、女性たちは何世紀にもわたって女性に対する特有の犯罪（レイプ、家庭内・夫婦間暴力、あらゆる分野の性的・経済的搾取）の被害者であるが、今なおすべての国で生き続けている家父長権について、その犯罪性と抑圧の問題を少しずつにしろ検討せざるをえなくなってきたのは、西欧でもたかだかここ数年のことである。イスラム原理主義はどうかというと、女性に対する犯罪を徳に仕立て上げようとしている。西欧で「黙認されている」ことが、イスラム体制では「強制されている」のだ。しかし、見かけにごまかされないようにしよう。女性に対する犯罪は、二つの体制で性質が違うのではなく、程度が違うだけのことだ。女性を虐げる差別が全世界に広がっていることは明白な事実である。どんな形であれ、性差別、人種差別、ファシズムはすべて死に至る道である。(注2)宗教の名のもとにイラン、アルジェリアをはじめ数多くの国は、差別から死に至るこの道筋を歴史の中に再現しているのだ。だが、これらの国々はただ、西欧に今日なおかつ潜在的に温存されている差別を、自分たちの究極的表現と究極的解決策へ発展させたまでのことである。

西欧のフェミニストたちは、今まで隠されてきたことがらを明らかにし、世界中に広がっている性差別を告発した。この性差別はある事実上の共犯関係を発生させている。少数派だが一部の男性は女性の闘争を支援してきたから、全部の男性が共犯とはいえないが、個人とくに女性の私生活を支配したがる宗教的狂信と、民主主義を標榜する国々ではびこっている性差別の間には明らかに共犯関係がある。原理主義と民主主義という二つのイデオロギー、二つの体制は、互いに異なっていると言い合い、異なっていたいと望み、排斥し合いながらも共謀している。次のような基本的な共通点を見れば、共謀関係にあるのは一目瞭然だ。
(1) 二つの体制に共通の家父長制、すなわち女性に対する男性の権力が、制度もしくは神の法によって保証されている。イスラム原理主義はその極端な例であるが、実は、西欧が認めたくないことがらを、狂気の沙汰とも言える支配を介して体現し、拡大して見せているにすぎない。西欧諸国の一つフランスは、人道的イメージを保とうとしているが、性差別があるという事実を共和国憲法の中に書き入れようとせず、(注3) 性的・宗教的抑圧を受けている女性たちに対して政治亡命の道を開こうとしない。有史以来女性がその犠牲になってきた人類に対する犯罪を裁くニュルンベルク裁判は、いつ行われるのだろうか。
(2) 政治的権力を女性と分かち合うことを拒むか、さもなくば、ひたすら民主主義のレッテルを守るためや、イスラム世界のリベラリズムを証明するために、両体制とも一人の女性を首相に任命して取り繕う。しかし、特権のない女性や反抗する女性には、失業とファトワー〔イスラム法の解釈・適用に関し、資格を認められた法学の権威者―聖職者―が出す意見書で、進歩的な行動に対しては当然厳格な判断が下される〕が待ち受けている。

（3）女性を伝統的家庭に閉じ込め、出産の義務（避妊・中絶を禁止する国もあれば、合法化したものを再検討しはじめる国もある）と家庭の奴隷という身分で縛る。女性たちは操られ、買われ、あるいは殺すと脅される。加えて、商品社会には人間性喪失の問題が、第三世界には文盲と貧困の問題がある。

（4）宗教が国事および国立学校に干渉している。法治国家では脱法的干渉であり、イスラム国家では「神の唯一の政党」による至上命令となっている。

イスラム世界であれ西欧であれ、正義だとされているもの。宗教であれ非宗教であれ、「価値基準」とされているもの。いかに権威があるものでも、あらゆる国家と大多数の男が女性に対して向ける、口にするのもおぞましい性差別的欲動であるものに、今こそ、男も女も目を開くときである。

すべての差別の根底にある差別、すなわち性差別がイスラム原理主義を介して、かつてない程に拡大し、時代錯誤的な様相を呈している。性差別はすべての差別に先行し、他の差別を生み、しかも昔から全体主義には付きものである。二〇世紀の前半には、ナチズムの危険はユダヤ人だけに関係することだと束の間は思えた。原理主義とは自分が独裁者や神に守られていると信じることであり、そのような原理主義が女性とフェミニストだけに関わるものだと、今日でもなお信じることができようか。無実の人々が殺され、その死の陰で私たちは安泰なのだから。

ナチスのあと、今度は二〇世紀末の原理主義者たちを見て、不可分なのはフランス共和国だけでなく、自由もまた不可分であることを私たち民主主義者が再認識できればよいのだが。そして、女性の自由はつねに民主主義の自由と切り離せないことも。

（一九九四年一〇月二〇日）

（注1）スペインの大手日刊紙「El País」はリディア・ファルコンの注目すべき記事「女性に対する戦争」の掲載をいとわなかった。その記事で、有名な弁護士であり作家であるリディアはイスラム原理主義を非難している。この記事のあとに、さまざまな論争が起こり、とりわけ興味深い論争のひとつが同紙に掲載されている。

（注2）アルベール・メンミ〔ユダヤ系チュニジア人の作家。一九二〇年生まれ〕の分析を参照。

（注3）一九四六年憲法に先立つフランス共和国憲法の条文には、性差別への言及があった（「共和国は、出身、性、宗教による区別なしに、すべての市民の法の前での平等を保障する」）。そののち、「性」という言葉の代わりに「人種」という言葉が入れられたが、この入れ換えには動機がないわけではない。《La non - discrimination raciale dans les textes constitutionnels français》de J. - J. Israël – revue《*Mots – Les langages du politique*》, n°33, 一九九二年一二月号を参照のこと。

（訳　杉藤雅子）

2　過剰軍備と女性への暴力

アンドレ・ミシェル（注1）

ベルリンの壁の崩壊と冷戦終結の後に、世界中の軍事費がかなり削減されはじめたが、フランスはここでもまた例外である。しかし、福祉に当てられる金額が少しでも多くなり、軍備競争に当てられる金額が少しでも少なくなるようにという人々の希望は、アメリカ、ロシア、フランスそしてイギリスの軍事・産業複合体が、自分たちにとっての新しい敵を見つけたとき、たちまち萎んでしまった。これほど軍事力に優れた社会集団が、権力と財力という、自分たちの強大な特権が先細りするのを黙って見ているわけがなかったからである。湾岸戦争は、敵はもはや東ではなく、南に変わったことを物語っていた。

冷戦時の武器（長距離および中距離核ミサイル）の削減が実際に行われているのに対して、西欧では、上着の下に隠せるミニ核爆弾のような、ますます高性能になった核兵器が開発されている。南から来ると想定された脅威から自分たちを守るための迎撃ミサイルや、アメリカ、フランス、ヨーロッパの「緊急行動部隊」が第三世界の国へ迅速に介入するための支援手段となる、見えない戦闘機（ステルス戦闘機）、偵察衛星、大型兵員輸送機などの、新しい通常兵器が製造されている。アメリカ政府は、ソマリアに小規模の遠征軍をパラシュート降下させて、「レストア・ホープ（希望の回復）」というアメリカ人部隊を引上げると言っている。この遠征軍は、公式には「レストア・ホープ」の撤退を援護するためと言われているが、実際には民衆の街頭デモを無力化する武器をソマリアの原住民で試してみるためのものだ。自国内の敵は、「新世界秩序」への抵抗を表明している南の国々とまったく同様に、高性能になった武器によって制圧されるはずである。

今日、地球の一部を荒廃させている過剰軍備と大勢の死者を出す紛争の計画と遂行が、男性よりもずっと女性に深く関わっていることに、女性たちはまだ十分に気づいてはいない。どういうことかと言うと、軍備や紛争に対して、女性のほうが男性よりはるかに高い代価を支払っているのである。平時においても戦時においても、内戦であれ国際紛争であれ、軍事化によって女性に対する多種多様な暴力が発生することを数多くの事実が一致して証明している。女性に対する性暴力が戦時においてもっとも顕著になるにしても、平時における軍事支出による経済的・社会的暴力も女性たちには同様に過酷で、性暴力と表裏一体であり、看過するわけにはいかない。

1　軍事支出は「平時」における女性に対する暴力の「見えない」要因である

女性たちは軍事的暴力を被っているが、それを引き起こす要因をはっきりと自覚してはいない。たとえば、過剰軍備によってある国で引き起こされる女性の失業のケースである。

職と住居がないときに、また低賃金、貧困、住宅不足、あるいは快適な生活に必要な公共サービスの不足によって被害を被っているときに、女性が体験する暴力の原因は性差別だけではない。というよりむしろ、性差別は、それを産む家父長制システムが法外な費用を過剰軍備に割り当てるときに激しくなる。たとえば、アメリカの女性経済学者マリオン・ロビンソンは、ロナルド・レーガン大統領の在任一期目の過剰軍備支出がどのようにして一一四万六千人（その八〇％が女性）の失業者を生み出すに至ったかを明らかにした。この数字は、失われた雇用数から成長中の軍事産業によって創出された雇用数を差し引いたものである。女性たちは小売業で六〇万、医療・保健サービスにおいて三四万九千の職を失い、その代わりに、二一六〇のエンジニアのポストを得たにすぎなかった。[注2]

軍事産業に向けられる国家予算の割合が高いと、総雇用数が減少する。国連の計算によれば、同じ金額を民間産業に回せば二倍から三倍の雇用を創出することができるからである。[注3]このような雇用の不足は男性よりも女性に不利に働く。軍事予算の据置きや増大のために削減されるのは、大多数の女性が働いている保健衛生部門と教育部門の予算であり、それによってまず利益を受けるのは、最先端技術の高資格を持つ、富裕階級の男性だけだからである。

軍事費は、女性の低く、抑圧的な地位の克服を支援する公共サービスへの予算に対しても同じように作用する。レーガンの同任期中に、女性がその大部分を占める、恵まれない人々のための公共支出が徹底的に削減された一方で、家族計画に関する国内および国際機関に対する予算や、貧しい女性のための中絶費用の払戻しにも当てられる行政予算が廃止された。[注4]

このような大幅な削減政策は第三世界の国々において、より一層深刻である。たとえば、サハラ以南のアフリカでは、女性の無学と文盲は独立の直後には減少したが、女性に対する暴力とされるこうした悪条件は数十年にわたる「ゆがんだ開発」の後に再び増大した。その間に、政府は保健衛生費や教育費よりも軍事費を増大させることを選んでいたのだ。というわけで、サハラ以南のアフリカでは、一九八一年には、アフリカ人女性の識字率は二三％にすぎず（男性では四九％）、避妊の知識と手段を持っていた女性は一〇％以下だったのに、一九八六年の軍事費は保健衛生費と教育費の合計の七〇％にも相当した。[注5]

今日、ジェンダー間の格差を是正し、女性の状況を改善していくのは、サハラ以南の国々が債務を返済できるようにと国際的な大手金融機関が押しつける「構造調整」プログラムではない。世界銀行総裁のルイス・プレストンが世界中で一億人の少女が学校に行っていないと言ってどれだけ腹を立てても、世界銀行と国際通貨基金がアフリカの債務国に公共費の削減を強いていることに変わりはない。たとえば、独立後のモザンビークでは、一九七五年に、教育相であったグラサ・マシェウは国家予算の二〇%を教育省に割り当てさせることに成功したが、今日では、彼女の施策方針演説によれば、「この割合は八%を越えていません。どうしようもありません。国際通貨基金と融資筋は自分たちの最優先課題を押しつけています。そして、私たちはといえば、手も足も出ない状態なのです」[注6]。世界銀行は発展途上国の債務に占める軍事費の割合は三三%になると算定しているが、ユニセフによれば、削減措置は軍事費よりも保健衛生費や教育費を対象としている。

同様に、セネガルでも、「学齢に達したセネガル人の子どもの増大に対応して、世界銀行の特別融資を受けた人材開発プログラム(PDRH)に従って、新しい教室を建設するはずであった。ところが、一九九四年末には、五八四の初等教育のクラスが、教師がいないために、すでに閉鎖されていた。PDRHの計画書によれば、今後五年間に、文部省の予算から給料をもらう教師を年に七五〇人採用する予定である。問題は、これらの費用が、同じ世界銀行によって課せられた、実働人員や給与支払総額調整に関する制約とは相容れないということである」[注7]。子どもを学校にやるための余地やお金がないと、女の子がまず犠牲になるということはよく知られている。

2 軍事基地の周辺で生きる女性たちが被る暴力をめぐる沈黙

軍事基地の周辺、とりわけアジアにおけるアメリカ軍基地の周辺に住んでいる女性たちが被る暴力に人々が気づくには、シスター・マリー・ソレダッド・ペルピナンの粘り強さと勇気が必要だった。

彼女は間もなくフィリピンの女性団体ガブリエラの支援を受けるようになった。このような暴力はベトナム戦争が起きるといっそう多くなり、戦争中、フィリピン、韓国、タイ、沖縄に置かれたアメリカ軍基地は、休暇中のアメリカ兵の休養と息抜きの地域としての役割を果たした。

フィリピンで

この種の暴力に関する徹底的な調査が、マニラの近くに設置されたスービックおよびクラークという二つの米軍事基地周辺で生計手段を探し求める売春婦とその他の職業の女性に対して行われた。女性の地位の屈辱的な低下、レイプ、じわじわと広がる淋病とエイズ（米兵たちはコンドームを使いたがらない）、おびただしい数のアメリカ系アジア人の誕生、合衆国へ帰還する父親による子どもたちの遺棄。これが、軍事基地の設置によって自分たちの土地を追われ、生き延びるために売春を余儀なくされたフィリピンの若い女性たちの悲しい運命である。（注8）マリー・ソレダット・ペルピナンが書いているように、「同一人種、同一文化の個人の間で、一方の性が他方の性を支配するとき、それはすでに悲惨な現象であるが、もし、性支配に、経済力と軍事力を持った外国人による人種および文化支配が加えられるならば、状況はもっと悪くなる。これが超国家的な売春のケースであり、女性と男性、そして子どもさえも快楽と利益の対象とする、地政学的、経済学的操作の産物である」。（注9）フェミニズム運動に推進され、コリイ・アキノ大統領が支援するフィリピン女性の共闘が米軍基地の解体を可能にしたが、基地はグアム島に移され、今度はそこで、別の女性たちが同じ暴力を被っている。結局、あるルター派の牧師が言うように、太平洋地域の基地周辺の売春は、アメリカ、イギリス、フランスの艦隊がそこに海軍基地を持ち続ける限り存在するであろう。

太平洋地域の他の島々で

戦争の終結は女性に対する軍事的暴力の終結を意味しない。このような暴力は進駐軍の軍事基地と緊密に結びついているからである。たとえば、軍事的敗北の後に、日本は沖縄をアメリカ合衆国に売り渡し、米国はそこに常設の軍事基地を設置した。実際は、戦争によって全てを失ったこの島で、「窮地に陥った家族は直接的、間接的に売春婦の稼ぎによって試練に打ち勝った」ことが明らかにされた。(注10)

韓国で

韓国に設置された米軍基地の周辺では売春がさかんに行われてきたが、韓国女性とアメリカ軍人の正式な結婚もあった。言葉の話せない国で孤独な米兵たちは、韓国女性の中から、孤独の支えとなり、健康を保ってくれる伴侶を見つけ、結婚を取り決め、韓国人の妻を合衆国に連れて帰る。しかし、合衆国に戻ると、「男性たちは、自分の妻だけが黄色い顔をしていて、車の運転、買い物、まわりの人たちとの意思疎通などの日常的な任めが果たせないことに気づくと、即座に気持ちが変わり、妻を離婚してしまう(注11)」。

ラテンアメリカで

パルメロラ基地はホンジュラスに設置された米軍最大の基地である。「ホンジュラスでは、米軍からのもう一つのお土産として、一種の伝染性の強い性病が『ベトナムフロラ〔菌叢〕』として知られている」と指摘されている。(注12)

以上のすべての事実から、軍事体制とそれを構成する男性たちにとって、女性は、彼らの孤独と精神的、性的不満を紛らわすための「戦士の休息」にすぎないことは明らかである。米兵と現地女性の間で結ばれるこの種の夫婦関係は、まぎれもなく、女性を犠牲にした一時的な関係の上に成り立っているのだ。

軍事基地周辺でのエイズの被害

軍事基地周辺で生きる女性たちに関わるもっとも大きな災難は、エイズである。たとえ「フィリピン、韓国、ホンジュラスで、エイズの蔓延以来、軍に関わる売春への関心が少しは高まった」にしても、彼女たちには治療を受けられるという希望がない。「米軍が『招聘国』にエイズを持ってきたということが次第に明らかになっているが、それにもかかわらず、米軍で責任を取った部門はない。米海軍が売春婦たちの健康診断をするところでは、客である海兵の健康を守るためにするのであって、ときどき思い出したようにやっているにすぎない(注13)」。逆に、ある女性がエイズにかかったと分かったときには、どのような措置も講じられない。つまり、「エイズウイルスであるＨＩＶの検査で陽性と判定された女性たちにはまったく注意が払われず（中略）スービック基地とクラーク基地に奉仕する二つの都市、オロンガポとアンヘレスの売春婦がエイズにかかっていると判明したときには、彼女たちはただ首にされるだけで、合衆国政府の支援も、フィリピン政府の支援もまったくない(注14)」。

「軍事基地周辺におけるエイズの蔓延は反米感情をかき立てた(注15)」というフィリピンでの指摘は、世界中の米軍基地すべてについて言える。

アフリカで

軍事基地周辺で生きる女性たちに対する暴力と、彼女たちの間でのエイズの蔓延は、米軍だけの問題ではない。社会学者たちの調査はあまりないが、インドシナ、太平洋、アルジェリアでフランスが行った植民地戦争と弾圧は、現地の女性たちに苦しく過酷な運命をもたらした。仏語圏と言われている、フランスの縄張りである西アフリカと中央アフリカで常駐するフランス軍が引き起こす暴力のことはさらに知られていない。この地域で、フランスの大規模産業グループが、鉱物、森林、石油資源を開発・加工し、あるいはこれらの国にとって莫大な費用のかかるインフラストラクチャー〔道路、鉄道、上下水道などの社会資本〕の整備において、利益を独り占めしている。利益を守るために、フランスはこの地域の傀儡政権と軍事援助協定を結んだ。これによって、フランスは、六千人の軍人を駐留させることができ、これらの国を疲弊させた内戦、たとえば、一九七八年五月のザイール〔現コンゴ民主共和国〕へのコルヴェジ作戦、一九七八年から八三年にかけてのチャドへの軍事介入、そしてもっと最近では一九九三年と九四年のザイールとトーゴへの介入に関与することによって、当時の独裁者を支援することができた。なかでも、女性に対する暴力と恥知らずな搾取の発生源である、フランスの軍事基地の存在はフランスの植民地主義的政策の表れである。

チャドの場合、一九八四年九月三〇日付の「ル・ジュルナル・デュ・ディマンシュ」紙に、チャドのフランス軍占領に関して次のような記事があった。「首都ヌジャメナは巨大な快楽の家になっていた。そこにはマンタ作戦の三〇〇〇人の男たちが戦士の当然の休息を味わいに続々と押し寄せていた。（中略）ナイトクラブ、ダンスホール、レストラン、そして売春婦がマンタ作戦のリズムで生活していた。長期にわたる食料不足の後、首都の商人たちが（中略）金持ちになっていた。良き時代だった」。しかし、一九九〇年の女性の平均寿命が五〇歳に満たなかった国で、売春婦たちがどうなったかは語られていない。それどころか、殺戮を好む独裁者へのフランスの支援で、莫大な費用を費やした内戦から二〇年後の一九九〇年には、あるアフリカ人の人口統計学者が一二歳の少女にまで及ぶ子どもの買春が増加していることを報告している。フランスの軍人は、エイズを恐れるあまり、大人の女性よりも小さな少女の方を望んでいたのだ。

3　核実験に関連した女性に対する暴力

中国を除く列強諸国は、核実験の一時的停止に賛成の立場を表明したばかりであるが、全面停止をはっきりと約束してはいない。核実験の最終的停止は一九九五年中に開催される国際会議の大きな争点となるだろう。それまで、アメリカ合衆国、アフリカ、ならびに太平洋地域の女性たちは、大気圏で、ついで地下で行われてきた、核実験によって引き起こされた肉体的・精神的苦しみに耐え続けることになる。

アメリカ合衆国で

核実験がネバダ砂漠を破壊し、三〇年前には二〇人に一人だったが、今では八人に一人の女性が乳癌に冒されている米国で、フェミニスト団体ＷＥＤＯ（女性環境開発機構）が行政当局に、癌の急増についての研究に着手するよう要求している。同じ量の電離放射線に曝された場合、男性よりも女性の方に致命的な癌が発生する可能性が高いことを国立科学アカデミーも明らかにした。乳房と子宮の組織は癌になりやすいからである。(注16)軍事用ウラニウムの製造は、原子力の民間利用、とくに医療の領域における過剰開発と無縁ではない。人々はなおも低レベルの電離放射線には影響力がないと考えようとしているが、逆の証拠が示されている。たとえば、三〇年にわたるアリス・スチュアート博士の研究以降、妊婦が腹部のＸ線撮影の際に放射線を微量でも浴びれば、妊娠中に被曝しなかった女性よりも高い頻度で、子孫の癌を引き起こすことはよく知られるようになった。

北太平洋地域で

北太平洋の女性たちのグループ（Pacific women speak）は、イギリスとアメリカ合衆国を歴訪したときに、両国がマーシャル海域で行った核実験後、マーシャル諸島とその三五の環礁の住民がさまざまな疾病に苦しんでいることを世界に訴えた。このメッセージに無関心でいられる人はいないだろう。彼女たちの一人、公衆衛生学を専攻し、学士号を持つ学生であるダルレーヌ・ケジュ＝ジョンソンは、水爆実験が大気圏で行われたこの地域で発生した被害について次のように書いている。「とくに女性と子どもに関して私たちが抱えているもっとも重大な問題は、癌である。乳癌と癌性腫瘍が見られる。生殖器も癌に冒されている。子どもたちは奇形で生まれ、発育の遅れに悩まされている。ゼリーフィシュベビーの問題も抱えている。このような赤ん坊はゼリー状の魚のような状態で生まれ、目もなければ、頭もなく、手足もないが（中略）数時間は呼吸をし、生きている。今日多くの女性が、このような赤ん坊が生まれるのではと恐れている[注17]」。

南太平洋地域で

ムルロワ環礁で行われたフランスの核実験によって引き起こされた女性の被害はより少ないが、それでもやはり、太平洋のこの地域の女性たちにとって暴力であることに変わりはない。彼女たちも癌やシグアテーラ〔魚毒中毒症の一型〕などの多くの病気に冒されている。この病気は、核実験による珊瑚礁の崩壊に伴って汚染された魚を摂取することによって、人間に移る。この因果関係はトアモトゥ諸島のハオ環礁で見事に証明された。というのも、「一九六五年以前には、ハオ環礁ではシグアテーラは一件も報告されていなかった。一九六五年、ハオ環礁は、太平洋実験センターの設置の一環として、実験用核爆弾の部品を組み立てるための基地になった。最初のシグアテーラは一九六六年八月に記録されている。この病気の広がり方はきわめて早く、一九六八年からすでに、環礁の住民の四三%がシグアテーラに冒されている」[(注18)]。ガンビエ諸島でも同じ現象が見られ、その結果、これらの島の女性たちは、感染しないように、フランスから来る缶詰を食べざるをえない。

アフリカで

一九六二年にアルジェリアが独立して、核実験場をフランス領ポリネシア（ムルロワ環礁）に移す前は、フランスはサハラ砂漠で大気圏実験を行っていた。サハラ以南のアフリカ、カラハリ砂漠では、南アフリカ共和国とイスラエルも核実験を行ってきた。エチオピアの女性経済学者ベルハヌ＝セラシエは、アフリカの女性に対するその影響を次のように告発している。「爆弾の製造と実験は女性の健康に重大な影響を及ぼしたが、アフリカでは情報が完全に封鎖されている。（中略）サハラ以南における原子力産業の影響は研究の対象になってこなかったが、私は、大気の変化と、この一〇年の間にサヘル〔サハラ砂漠南縁地域〕と南アフリカ共和国を襲った深刻な飢饉の周期には関連性があるという仮説を唱えている」[(注19)]。同じように、ウラニウム鉱山の周辺で生活しているナイジェリアの女性たちを悩ます流産と子どもたちの奇形を、住民はウラニウムの危険性に帰している。

4　戦時における女性に対する暴力

すべての過剰生産は必然的に過剰消費を引き起こす。新たな利益の源となる新たな商品に場所を譲るためには、在庫の山を一掃しなければならないからである。武器についても、他の過剰生産と事情は同じである。違いは、列強が互いの領土で第二次世界大戦という大規模な人的、物的な破壊を行った直後に、第三世界の国々に戦争を輸出したことである（インドシナ、ベトナム、アルジェリア、アフガニスタン、湾岸戦争など）。これらの国々の資源を確保し、政治的実権を掌握するための列強の対立は、武器の販売、軍事顧問の派遣、民族間の憎しみの臆面もない利用、弾圧と反革命ゲリラの支援という結果となった。

これらの紛争において、今日、戦争の主な犠牲者は、死者、負傷者、難民を問わず、女性、子ども、老人を含む非戦闘員であることが世界的な統計から明らかである。たとえば、ユニセフによれば、第一次世界大戦中には、犠牲者の一〇％が一般市民であったのに対して、一九九〇年には戦争による死者の九〇％を一般市民が占めている(注20)。ヴェロニク・ナウム＝グラップによれば、ボスニアの戦争で、初めて「軍隊が非戦闘員を敵とみなし、敵として攻撃している(注21)」ことが明らかになっている。戦争の暴力ははっきり目に見えるから、女性がそれに苦しんでいることは誰でも知っている。だから、これから述べる暴力の例証は、アフリカを荒廃させている最近の戦争によるものだけにしよう。

アフリカにおける戦争と女性に対する暴力

アフリカでは、冷戦中に武器が大量に蓄積されたにもかかわらず、今日、武器の密売はいっそう盛んになっている。武器を製造している大国の市場が飽和状態にあり、輸出が自国の軍需産業の生き残りにとって不可欠になっているだけになおさらだ。武器の蓄積と密売の結果、アフリカはおびただしい数の内戦の舞台と化した。国境紛争であり、民族間、国家間の紛争である。ツェハイ・ベルハヌ＝セラシエが、エチオピアの近隣諸国について書いているように、「ウガンダ、スーダン、エチオピア、チャドで、アドナン・カショギのような武器商人たちによって紛争が助長されている。彼らには政治的・倫理的釈明などみじんもなく、あるのは利益を得たいという欲望だけである」[注22]。

アフリカの女性たちはこうした紛争の第一の被害者である。命拾いはしても、愛する人たち、家、畑、所帯道具、商売道具を失い、戦闘を逃れて、子どもたちと収容所に避難せざるをえなくなる。それに対して、夫たちは身軽なので武装集団に加わるか、遠方に仕事を探しに行く。「スーダンやエチオピアの近隣諸国における難民の大多数は女性である」。しかし、「エリトリアの女性たちなどが中東へ家政婦の口を探しに行くほかは、大半の女性がスーダンの難民キャンプの恐ろしい状況のなかに止まっている。難民を抱える国々が他の国よりも経済的に良いとは言えず、したがって、難民女性たちが自分の家庭にいるよりもずっと悪い状況にあることは痛ましい事実である。そのうえ、女性たちは難民キャンプ内で、同国人による、また受入れ国の男性による性的搾取に見舞われがちだ。近隣の国々に亡命する若い女性のほとんどはあらゆる種類の屈辱を受ける」[注23]。

戦争は女性に対する暴力を次々と引き起こす。ユニセフは、子どもたちとともに内戦を逃れるためにルワンダの収容所に「移された」女性と娘たちの運命についての、耐えがたい事実を報告している。貧困と欠乏に加えて、難民女性や病院に収容された女性は、人間の尊厳に対するたえざる侵害にさらされる。たとえば、一九九四年の冬に、ユニセフはルワンダの次第に悪化する状況を報告しているが、事態は春にはフツ族によるツチ族の計画的大虐殺にまで発展した。「飲酒がルワンダの癌である。『移動させられた人々』は、うさばらしにバナナビールを過度に飲む。この冬、酔ったルワンダ兵たちが武器を握って、入院中の女性をレイプしようと、ルヘンゲリの病院に侵入した」[注24]。

たとえ武器を製造している大国が戦争を第三世界に輸出したとしても、大国の女性たちが過剰軍備の暴力を免れていると信じてはならないだろう。過剰な軍事費のために大国の女たちの身に起こっている、失業や公的サービスの不足という暴力についてはすでに見た。しかし、身体的な暴力と性的な暴力は宗主国でもやはり増加している。つまり、ブーメラン効果が生じているということである。宗主国の男たちは、紛争の唯一の解決策は、いかなる解決策にもまして、身体的な暴力であると、こうした武力紛争を通して学んでいる。その結果、自国における女性に対する男性のレイプと身体的暴力が統計的に増大する。一九九二年一〇月にオーバーハウゼン（旧西ドイツ）で開催された「女性と平和」に関するシンポジウムで、ユーゴスラビアでもアイルランドでも、戦争が起こると、配偶者に対する夫の身体的、性的暴力（殴られ妻、夫婦間レイプなど）が著しく増加したと、両国の社会学者や医師が証言したが、説得力がある。

今まで、女性は自分たちの安全保障を男性にゆだねてきたし、軍事費の増大を放置してきた。その結果、平和に貢献するどころか、数えきれないほどの武力紛争が引き起こされ、女性がいつでも主要な標的であるような、暴力の悪循環の中に世界は引きずり込まれてしまった。今こそ、女性たちは完全な権利を持った市民となり、自分自身の安全とそれを保障する手段を決定するために積極的に行動するときであろう。女性たちが二〇年来、家族、企業、社会のなかの民間の暴力に対し、様々な運動を起こして、暴力を防止あるいは抑制しうる新しい法律と各種の措置を獲得してきたように、今、平時も戦時も女性たちを襲う軍事的暴力の諸要因に対しても行動すべきだ。

民間の暴力以上に軍事の暴力において、女性の伝統的な癒す役割よりも、予防活動を優先させなければならない。伝統的役割とは、たとえば、愛する人を失って悲嘆に暮れる母と妻、戦場での生存者や家庭に戻った傷病兵を助けようとする心の広い看護婦とソーシャルワーカーという役割である。ここ数十年の軍事行動の間、彼女たちは、母であり妻であるという身分ゆえに、自分たちには戦禍が及ばないと信じてきた。たとえば、ユーゴスラビアの女性たちは、女性という身分が特別な保護を保障してくれると単純に信じて、白旗を振っていた。しかし、いくつかの例外は別として、逆のことが起こった。

反軍国主義活動そのものについていえば、女性たちは今まで、戦闘がおきてからそれをやめさせようと、活動を事後に限ってきた。数ある例のなかから、次の二つの例を挙げる。第一次世界大戦中に、今世紀初頭の勇敢なフェミニストたちは、大量虐殺を止めさせるために、自分の国からの厳しい非難を物ともせずに、一九一五年にハーグに結集した。そこには、政府に出国を禁止されたフランス女性を除く、すべての交戦国の代表が参加した。しかし、それによって大量虐殺を防ぐことはできず、大量虐殺はさらに三年間続いた。最近の例だが、民兵の武力衝突を止めるために、「ソマリアの女性たちは真夜中にモガジシオの町でデモをし、平和を要求した。この戦争でもっとも苦しんでいる女性たちが自分たちの声を届かせるのは、いつもこんなにも困難なのだ」(注25)。

女性たちはこれらの例から、平和のための女性の活動は、軍事作戦が開始されてからの「事後」活動ではほとんど効果がなく、これから優先しなければならないのは、「事前」の活動、すなわち戦争を防止する活動なのだという教訓を得なければならない。「兵士がいなくなったので、戦争が終わった」と言われるが、殺しあうための武器がなくなれば、やはり戦争は終わるだろう。しかし、女性たちは、地球全体を蝕んでいる、武器の製造と販売の領域でまったく行動を起こしてこなかった。女性たちは、戦争の防止において力を発揮するためにはこの領域で行動すべきであるのに、男性たちに武器の製造と取引を、処罰も妨害もなく、続けさせてきた。同じように、一部で実践されている子どもに対する平和教育は、確かに重要ではあるが、フラストレーションと憎しみを引き起こす階級間・国家間の不平等がこれほど大きくはびこる限り、また、新たな解決策について考えもせずに、マスメディアを通じて、暴力が紛争を解決する唯一の手段として子どもたちに示される限り、何の役にも立たないだろう。

女性が市民としての責任を引きうけるためのよい方法とは、毎年、国家予算に占める公共支出の割合に関心を持つことであろう。とくに、女性たちは、これらの予算のうちのどれだけの額が防衛、健康、教育に関連する支出に割り当てられているか調査し、議員に働きかけて、自分たちの最重要事項を示し、安全保障についての自分たち自身の考え方を認めさせなければならないだろう。このような対応策は、ナイロビでの「国連女性の一〇年」最終年の準備のために一九八五年にウイーンに集まったNGOのヨーロッパの女性たちによってすでに明文化されている。

女性のNGOが、一種の自主規制の結果、先に示した対応策に従って意欲的に行動してこなかったこと、また、平和の擁護が、「女性の一〇年」の間もその後も、中心課題にならなかったのは残念なことである。「女性の一〇年」のテーマを「平等、平和、開発」の三つにすると、一九七五年にメキシコ大会で明文化したにもかかわらず、女性たちは過剰軍備に反対して立ち上がらなかった。一九九二年六月の「地球サミット」の際に、NGOとしてリオデジャネイロの平和キャンプに集まった女性たちによる綱領は、過剰軍備についてわずかに言及しているにすぎず、この問題は、「世界人権会議」の一環として一九九三年にウイーンに集まった各国政府とNGOが共同採択した「行動計画宣言」からほとんど姿を消してしまった。これは重大な欠落であり、それに対して、フェミニズム運動とNGOは異議を唱えなかった。過剰軍備の悲惨な結果が、日々地球の一部分を荒廃させる武力紛争の野蛮行為のなかに示され、また、まず女性に悪影響を及ぼす貧困のひろがりのなかに示されているのに。

フェミニストたちが一九九五年の北京会議でこの欠落を補うのに、遅すぎるということはない。第五回「女性に関するアフリカ地域会議」(一九九四年一一月一三―一三日、セネガルのダカール)の間に平和テントに結集した「平和のためのアフリカ女性運動」の決議文から学べばよいのだ。

対策のなかでも、以下に挙げるものが効果的である。

――「アフリカの国々への武器の思慮のない持ち込みに対して断固として抗議し、行動を起こすこと」。一方、「アフリカ諸国の大半は武器を製造していない。また、開発のための財源が軍事予算のために流用され続けている」。

――「『アフリカ平和のための自主独立大使（女性）』の誕生の道を開き、支援する」。

――「『平和のためのアフリカ女性運動ネットワーク（REMFP）』を創設する」。

兵器の製造・販売総量の八五％以上に対して責任がある工業大国の女性たちこそが、過剰軍備に反対し、自国の女性失業者や南の国々の貧しい女性たちと連帯しなければならないだろう。

（注1）「平和のための女性市民」会長

（注2）Marion Anderson, Michael Frish, Michael Oden, *The Empty Pork Barrel. The employment Cost of the Military Build Up*, 1981-1985, Lansing, Michigan : Employment Research Associates, 1986.

（注3）国連資料 *Conséquences économiques et sociales de la course aux armements*, Paris, Economica, 1983, Andrée Michel.

（注4）Andrée Michel, Le Complexe militaro - industriel et les violences à l'égard des femmes, *Nouvelles Questions Féministes*, n°s 11-12, hiver 1985.

（注5）PNUD, *Rapport Mondial sur le Développement Humain* 1991, Paris, Economica, 1991.

（注6）Henri Vernet, 《Gracça Machel, le souffle de la passion》, *Jeune Afrique*, 一九九五年一一月二三日－一二月一日号

（注7）《Sénégal; aide mal employée》, *Jeune Afrique*, 前掲号

(注8) Sister Mary Soledad Perpinan, 《The geopolitics of prostitution》, (フィリピン・タガイタイ市における講演) *Balai*, vol.2, n°4, 1982(Manila).
(注9) Sister Soledad Perpinan, 同記事
(注10) Joseph Gerson, Bruce Birchad, *The Sun never sets … Confronting the Network of Foreign Us Military Bases*, Boston, Mass., South End Press, 1991.
(注11) Joseph Gerson, Bruce Birchad, 同書
(注12) Joseph Gerson, Bruce Birchad, 同書
(注13) Joseph Gerson, Bruce Birchad, 同書
(注14) Joseph Gerson, Bruce Birchad, 同書
(注15) Joseph Gerson, Bruce Birchad, 同書
(注16) WEDO《Does the Breast Cancer Epidemic have Environmental Links》, *News and Views*, vol.6, n°1, 一九九三年四月号
(注17) *Pacific Women Speak*, Oxford, Green Line, 1987.
(注18) Institut Malardé, 《La ciguatera en Polynésie française》, *Médecine et Guerre nucléaire*, vol.5, n°3, 1990.
(注19) Tsehai Berhane-Sélassié, 《The impact of Industrial Development : Military Build-up and Its Effects on Women》, in Eva Isaksson, *Women and The Military System*, New York, London, Toronto, Sydney, Tokyo, 1988.
(注20) 《Les guerres et les enfants》, *Enfants dans le Monde*, UNICEF, n°117, 1993.
(注21) Véronique Nahoum-Grappe, *Vukovar, Sarajevo … La guerre en ex-Yougoslavie*, Paris, éditions Esprit, oct. 1993.
(注22) Tsehai Berhane-Sélassié, 前掲記事
(注23) Tsehai Berhane-Sélassié, 前掲記事
(注24) Christine Laouénan, 《Les enfants des camps》, *Enfants du Monde*, n°118, 4e trimestre, 1993.
(注25) Jean Hélène, 《Le départ de l'ONU de la Somalie s'accompagne d'une reprise des com-

bats》, *Le Monde*, 一九九五年二月二八日付

（訳　杉藤雅子）

3 女性、暴力、戦争

ネリー・トゥリュメル

数千年前から、平時も戦時も、女たちは家父長制に抑圧され犯されてきた。しかし、現代の産業技術社会の出現とともに、激変が起こった。軍事的破壊力は今ではとてつもなく大きくなり、拡大の一途をたどっている軍事化は、資本主義と結びついた家父長制の究極の発現である。現代の暴力は管理され、計算されている。群集心理学、精神操作、反対派の再教育、情報操作、情報の歪曲を含む行動工学のような数多くの新分野が、暴力の合理化を可能にしている。性暴力も例外ではなく、その管理は現代の戦争のなかで、住民を心理的、倫理的、人口統計学的に打ちのめすために、大規模レイプの命令を下させるところまで進んでいる。

これは旧ユーゴスラビアで始まったことではない。日本軍の一九三七年の南京攻略と慰安婦、一九四四年にロシア兵にレイプされたドイツ女性たち、ベトナム、アルジェリアなど枚挙にいとまがない。結局は、戦争が猛威を振るっているところではどこでもそうなのだ。

旧ユーゴスラビアに関しては、もう一つ別の側面、つまり「民族浄化」が加わっている。各国の極端な国家主義は「民族の純血」に基づいているからである。ナチスは「人種の純血」を論じていた。国家社会主義者〔ナチス〕の科学的人種差別は優生学的断種と強制的生殖に基づいていた。しかし、複製のように忠実に再現されるものは何もない。ヴェロニク・ナウム＝グラップは一九九三年一月一三日付のル・モンド紙に次のように書いている。「集団がどの民族に属するかは、精液の循環をどの民族が制したかによって決まる。自分たちのアイデンティティーを押しつけたいと思う民族は、従って、その精液を拡散させ、殺戮を行うことを義務と心得ている」。そこで、女たちは性と民族に関して二重に否定される。たとえば、非セルビア人女性はレイプされてセルビア人の子どもを生むことになる。

集団レイプは、「民族浄化」計画のなかでの命令されたレイプへと進んだ。すべての民族の女性がレイプされているにしても、イスラム教徒の女性がはるかに多くレイプされているからである。彼女たちの多数がセックスキャンプに留め置かれ、妊娠した女性たちは中絶できないように監禁されている。拷問され、殺される女たちもいる。不本意な出産を強いられた女たちによる嬰児殺しは数えきれないほど多い。

非常に早い時期に、世界中のフェミニストたちはこれらの犯罪を告発するために結集した。それ以来、きわめて数多くの公的な代表団がボスニアに派遣されてきた。有罪を立証する報告書が作成され、決議が採択された。たとえば、ヨーロッパ共同体のウォーバトン代表団、アムネスティ・インターナショナル、国際連合、ヨーロッパ議会などの代表団である。

しかし、これらの派遣も空騒ぎに終わった。現在レイプは戦争犯罪と認められており、協定が結ばれているにもかかわらず、このような犯罪者を裁くための法廷が開かれたことはなかったからである。紛争を終結させるという政治的意志はまったく存在せず、赤十字国際委員会のウルス・ボエリは、旧ユーゴスラビアでの任務から戻ると、次のように語った。「国際社会は問題の解決を人道主義に押しつけた。人道主義のような輝いてはいるが空疎な考え方が支配している所では、どんな活動をしても、われわれは非難される」。彼は次のように続けた。「われわれの活動に政治的枠組みを与える代わりに、国際社会は小麦粉を提供する。それでテレビの視聴率は伸びるかもしれないが、被害者のことを考えていない（注1）」。

このような状況のなかで、大規模なレイプは続き、セックスキャンプは繁盛し、人道的な介入を名目に、ブルー・ベレー〔国連警察軍の兵士〕（これも兵士だ！）でさえもセックスキャンプに必需品を供給し、利用している（注2）。国連が積極的に調査をしているそうだ！

一方で、やはり人道主義を背景として、国連難民高等弁務官事務所が絶望している。ケニアにある一六の難民キャンプでレイプの犠牲になっている数多くのソマリア女性を助けに行こうにも先立つものがない。よその国と同様に、政府当局は見て見ぬふりをしている。ソマリアの女性たちは陰部封鎖をされているのだと、はっきりと言っておかなければならない。彼女たちは、レイプされると、家族と共同体から完全に排除されるのだ。中絶が禁止されているので、レイプで生まれた子どもたちは、世話が行き届かないことと排除されていることから、四カ月から六カ月しか生き延びることができない。同様に、チベット人女性、クルド人女性、パレスチナ人女性、ハイチ人女性、エルサルバドル人女性、イラン人女性のことなどを挙げることができるだろう。枚挙にいとまがない。

そして世界のいたるところで、相変わらず武器が作られ、戦いの準備が行われている。中国の武器製造業者は、最近「美人と有名な武器（注3）」と題するカタログを二万部配布した。情熱的な目をした薄着の若い女性たちが、ロシアの突撃銃ＡＫ７４をむき出しの腿のうしろに掛けている。軍報道官は「若者は美しい娘と武器が好きだから」と説明している。一万七〇〇〇丁がすでに販売された。同じ考え方をしているものとして、アメリカ軍兵士がベトナムで歌っていた歌を思い出す。

これは僕の大砲（こう歌いながら彼らはＭ１９を振り回していた）
これは僕の銃（こう歌いながら彼らはズボンの前に手を置いていた）
大砲は殺すため

銃は楽しむため。

荒廃と暴力しか生み出さないこのような軍事化は、ポルノと売買春が世界に蔓延したのと歩を一にしている。軍産複合体は、拡大しつつある好戦的な国家主義からたっぷりと利益を吸い上げている。軍隊と教会の同盟は追い風に乗っている。私たちは宗教と非宗教が混在している新しい道徳的秩序の悲劇的な台頭を目の当たりにしている。極右と宗教的原理主義は、互を糧にしながら、世界中に広がっている。たとえば、バチカンは、ハイチのアリスティッド大統領に対するクーデターの首謀者である、ラウル・セドラの政府を承認した唯一の国家であった。

このような状況のなかで、個人の権利、とりわけ女性の権利は危険なまでに後退している。ナチスドイツの三つのK、子ども、キッチン、教会は過去のものではない。第三世界で、そして今日、先進工業国で不可避的に拡大している第四世界〔先進国の最貧困層〕で、女性は主要な犠牲者である。その証拠に、女たちは、健康、教育、自己の身体の決定権などのすべての権利から遠ざけられ、労働において過度に搾取され、あるいは労働から排除され、失業、臨時雇用などを余儀なくされている。また、これらの暴力をこうむっているだけではなく、平時においても戦時においても、集団の存続を担い、日常生活を切り回しているのは、やはり女なのだから。

参考文献

Dossier de presse sur les *Crimes de guerre contre les femmes en ex - Yougoslavie*, 3 déc. 1992, du Réseau 《Femmes sous lois musulmanes》 (B.P.23, 34790 Grabels).

M.F.P.F., *Femmes violées de Bosnie*, Dossier de presse, janvier 1993(4, square Saint - Irénée, 75011 Paris).

Rapport d'Amnesty International, *Viols et sévices sexuels pratiqués par les forces armées*, janvier 1993.

Yves Michaud, *la Violence*, Encyclopedia Universalis.

Femmes et fascismes sous la direction de Rita Thalmann, Éd. Tierce.

「戦争と軍事占領は男たちに、彼らが女に対して抱いている軽蔑に形を与えるための完璧な心理的環境をもたらす。武器の粗暴な威力、軍隊機構に特有の権威と服従、そして幼稚な階級制の論理。これらを反映する軍人の男性的精神は、男の考え方を確固たるものにする。それによれば、女は二流の存在であり、能動的世界の受動的な見物人である」。

スーザン　ブラウンミラー

「私たちの意に反して――男、女、レイプ」、一九七五年

（注1）*Libération*紙、一九九三年一〇月一九日付

（注2）*Libération*紙、一九九三年一一月二日付

（注3）*Libération*紙、一九九三年一〇月二六日付

（訳　杉藤雅子）

4　母乳栄養奨励の世界規模キャンペーンについて

ミシェル・ディラス(注1)

ユニセフと世界保健機関の提唱によって、母乳栄養を奨励するキャンペーンが発展途上国で始められ、現在は、先進工業国でも行われるようになった。

世界のほとんどいたるところで、女が産むべき子どもの数を決めているのは、女ではない。同様に、これからは子どもに母乳を与えなければならないと、今度も勝手に決められたのである。母乳栄養の促進運動と「人工」乳を誹謗する大規模な運動は同時進行している。「人工」乳の栄養価は疑われ、健康保険の払戻額は減らされ、すべての産院で中止されている。

女には授乳できる乳房があるという考え方には、偏見がある。

◆貧しい国では、ミルクは汚染された水で作られているので、乳幼児の消化器障害と伝染病を発生させないようにすべきだろう。とはいえ、このような事態をもう起こさないように、若い母親たちに衛生の基本原則を教え込むのはきわめて簡単なことだろう。母親たちの栄養失調の程度が分かり、彼女たちが仕事に追われ、度重なる妊娠によって疲れきっているのが分かっているのに、子どもたちへの授乳を義務づけることによって、さらに彼女たちを衰弱させてなんになるだろうか。

そのうえ、八四九人の子どもを対象にギニアビサオ〔アフリカ西端、大西洋岸の国〕で行われた研(注2)究によれば、「低体重児はかなり長期間にわたって母乳で育てられた子どもたちである」。

◆豊かな国では、動機づけはより巧妙である。女性たちはもはや文盲ではなく、女性たちの注意を別のやり方で喚起しなければならない。
研究者と科学者は、母乳のほうがその他のミルクよりもはるかに優れていることを証明しようと躍起になっている。彼らは、母乳栄養には、とくに授乳期間を延長するならば、次のような利点があることを証明しようとしているが、どの研究も信頼に足るものではない。
——神経のよりよい発達を促す。(注3)
——性的指向において決定的役割を果たす脳領域のよりよい分化を可能にする。(注4)
——インスリン依存性糖尿病の発病を抑える。(注5)「これらの信頼に値しない研究結果が出る前でさえも、彼らは生後四カ月までは牛乳を与えないようにと勧めていたが、これは母乳栄養を奨励するための補足的な説得手段である」。
——アレルギーを予防する。(注6)
——虫垂炎の発症を防ぐ。(注7)
母乳栄養キャンペーンを、闘争による女性解放の試みという世界的背景のなかでとらえ直すならば、このキャンペーンの「性差別的な」側面は誰の目にも明らかである。母乳に関する多くの調査、研究、検討、論文は、現在に至るまで、母乳に含まれる免疫体が乳児に伝達されることを除いて、根拠のある科学的証明を何一つもたらしていない一方で、この家父長制社会において、「女を家庭にとどめ、あるいは連れ戻す」という非常に明確な役割を果たしている。
競争力と収益性が基礎となっている資本主義システムのなかで、子どもに母乳を与えるためにいっとき持ち場を離れなければならないことを、雇用主にどのように説明したらよいのだろうか。一部の労働施設に「授乳室」がある（とされているが、真偽のほどは分からない）中華人民共和国においてさえ、市場経済への移行によって、すでに雇用の世界から締め出されることが多くなっている女性たちから見れば、このような措置は差別になるのだ。

この母乳栄養を奨励する新メッセージを伝えるために、ユニセフは利用できるあらゆる手段を使っている。(注8) 世界中で、ユニセフは医師団のためのシンポジウムを企画している。看護スタッフには、日常の看護に応用できるように、「世界保健機関憲章」の各条項を習得させている。このような職業訓練は、世界的な「愛育病院」計画の方針にも影響を与えている。この訓練には活動主義教育法〔対象者の活動、自主性を開発する教育法〕が採用され、役割ゲーム、視聴覚設備が利用され、学際的に人材が集められ、母親支援団体、教員、行政、マスメディアが協力している。その結果、乳房をふくんでいる、ふっくらとした赤ん坊の写真が巷にあふれている。あとは、母乳栄養というイデオロギーを集中的に宣伝し、女性に罪悪感を抱かせればよい。こうして、未来の母親たちは、妊娠したときから、いや妊娠する前から、新式の考え方と価値基準へ誘導されるのだ。

ついに、究極の圧力（抑圧と言うべきかも知れない）手段として、カナダなどいくつかの国では、授乳している女性に手当が支給されている。

◆中華人民共和国では、母乳栄養を奨励するキャンペーンが、一九九四年末に、関連省庁の支援で始められた。たしかに、一九五〇年には、六カ月未満の乳児のうち、都市部では八〇％、農村部では九五％が母乳を授乳されていたのに、一九八五年には、数値はそれぞれ一〇・四％と三三・七％になり、現在も下がり続けている。したがって、代用乳の「危険性」が母親、とくに若い母親に必ずじっくりと説明されることになる。(注9)

◆フランスでは、女どうしで意思伝達が図りやすいことから、女医たちが行った調査により、母乳授乳の「母と子の共生」に果たす役割が明らかになっている。こうした母子密着は、ことに長引けば、育児のために母親をより長く家庭にとどまらせることになる。産婦人科医と助産婦の学会が一九九四年末にパリで、「世界保健機関憲章」をフランスで適用・実施するためのパンフレットの形式と内容を決定するために、非公開で開催された。

母乳栄養を奨励するキャンペーンは、右派および極右の多数の団体に支援され、家事賃金を奨励するキャンペーンと歩を一にしている。母乳栄養を奨励するキャンペーンと同時に、中絶と避妊に反対する運動が再燃し、保育所と短期託児所が閉鎖され（女性の地位に関しては優遇されているスウェーデンでも）(注10)、「倫理的秩序」が再上昇している。

「家父長制」が息を吹き返している！

（一九九五年四月）

参考資料

世界保健機関による、母乳栄養を成功させるための一〇の条件

出産手当と新生児のケアを保証するすべての施設は次の条件を満たすことが望ましい。

1 母乳栄養の方針を採用し、それを書面で示し、看護スタッフ全員に周知徹底すること。
2 看護スタッフ全員に、この方針を実施するのに必要な専門知識を与えること。
3 すべての妊婦に母乳と授乳実践の利点を知らせること。
4 出産後三〇分以内に母親が授乳を開始するのを介助すること。
5 母乳授乳の仕方と乳児と離れていても、母乳を出し続ける方法を教えること。
6 医師の指示がない限り、新生児には母乳以外の食料と飲料を与えないこと。
7 子どもを母親と一日に二四時間一緒にしておくこと。
8 子どもの求めに応じて、母乳を授乳させること。
9 母乳で育てられている子どもには哺乳瓶のゴムの乳首やおしゃぶりを与えないこと。
10 母乳授乳を支援する団体の設立を奨励し、母親が退院し次第そこに行くようにすること。

（注1）「SOS性差別」会長
（注2）*British Medical Journal*, 一九九四年五月二八日付
（注3）*The Lancet*, 一九九四年一一月一二日付
（注4）*The proceeding of the National Academy of Sciences* 一九九四年五月二四日付
（注5）*Quotidien du Médecin*, 一九九四年一一月二一日付
（注6）同紙、一九九四年六月三〇日付
（注7）同紙、一九九五年三月三一日付
（注8）これに対して、ユニセフはアフリカにおける女性性器切除に反対する闘いのためにはわずかな予算しか割り当てていない。
（注9）*Women's News Digest*, 一九九四年一一月号
（注10）*Win News*, 1994

（訳　杉藤雅子）

5　少女買春《かいしゅん》とセックスツアー

モニク・ルストー（注1）

ポルン

一二歳の少女ポルンは、タイ北部にある村の貧しい家族の出である。ある日、一人の男がやって来て、彼女にホテルのウエートレスとして働かないかと持ちかける。男はポルンの両親に給料を前払いし、両親は娘が家を出るのを許す。ひと月の間、ポルンは一室に閉じ込められ、十分な食料を与えられ、たっぷり眠り、ほとんど働かない。ポルンは痩せ過ぎているので、最初の客に勧める前に肥らせる必要がある、というのが本当のところだ。最初の客は年を取った中国人だろう。彼女は泣き抵抗するが、無駄である。それからはこのホテルに監禁され、買春という最悪の奴隷状態を体験することになる。

ポルンの物語は、今日、世界中で数えきれないほどたくさんの子どもが体験している物語なのである（注2）。

売春させられる女の子たち

彼女たちは、世界中の大都会でおびただしい数に上っているストリートチルドレンと言われる子どもたちである。貧困、離村、遺棄、家庭内暴力によって、少女たちは、生き延びるために、あるいは家族が生きていくために町に押し出される。彼女たちは取るに足らない仕事をし、物乞いをし、盗み、あるいは体を売る。しばしば、家族の貧窮に責任を感じて心を痛め、働き者の子どもから、売春させられる子どもになる。子どもの売買に関する国連のスペシャルレポーターであるヴィティット・マンターボルンは、一九九二年にジュネーブでの報告で次のように述べている。

「このような少女と少年は組織の手中に落ちる。組織はすべての国と大陸を股に掛けて、あらゆる方面に下部組織を広げている。この問題が発展途上国に特有の問題でないことは確かであり、先進国にも関わっている。国際シンジケートが暗躍し、子どもたちを虐待し、搾取し、その活動に関わるすべてを隠蔽し、実体がとらえられないよう気を配っている。

子どもの買春は個別的なものから組織犯罪による大規模なものまである。とくにアジアでは、監禁から殺人までのさまざまな虐待の犠牲となる、売春させられる子どもの数多くの事例が知られている。子どもの売買は次のような形態を取ることが多い。

◆売買春斡旋業者と犯罪組織が子どもを国内あるいは国外の買春宿に売る。

◆売買春斡旋業者と犯罪組織が子どもを客に提供する。

◆小児性愛者が、個人として、自分のために子どもを買う。

◆小児性愛者の組織が、会員のために子どもを買う。

総じて、売春させられる子どもの数がもっとも多いのはアジアと中南米諸国であると言える。アフリカ、北アメリカ、そしてヨーロッパでも、子どもの買春は増えていると思われる。しかし、この問題はいたるところに存在し、国際的な買春を助長している需要と供給を考慮するならば、すべての国に関わっている」。

ボゴタであれ、マニラであれ、アビジャンであれ、バンコクであれ、売春させられている少女たちは同じ症状を呈している。彼女たちは身体的にも精神的にも深い傷を負っている。

たとえば、九歳になるアイサは一〇日間を小児性愛の男と過ごした。「彼女は野良猫のようにテーブルの下に隠れ、誰とも話をしませんでした。センターの子どもたちのおかげで、人になじむようになりました」と、マニラの被害者収容施設の責任者であるドミニク・ルメは証言する。

少女たちはたいていおびえていて、口を封じられた、差別の犠牲者である。彼女たちは老化が早い。発育不全で、抑うつ症のこれらの子どもたちは、麻薬中毒による行動障害をも呈している。

「パーティーの間、なにも感じないでいられるように、ドラッグを使うことを覚えました」と、一一歳のティナは言う。

彼女たちは筋肉の痛みや、さまざまな伝染病に苦しみ、エイズで死ぬ者もいる。

これらの子どもたちはみな、大人たちと人間関係がうまく持てない。大人から、支配、搾取、堕落、金儲け主義だけを味わわされたのだから。

買春およびポルノによる子ども搾取

社会学者であるマリア・ルイザ・ラマラオ・ド・ベレンは、これは売春ではなく、性的搾取だと言う。「一方にお金を持った男性、他方に飢えた少女がいるからです」と彼女は言う。しかも、貧しい者に対する富んだ者の、弱い者に対する強い者の権力が、奴隷に対する主人の、大人になりきっていない女性に対する男性の支配がある。

子どもを巻き添えにしているポルノ業界は、現代の通信技術と手段によって著しく拡大してきた。それはセックスツアーに不可欠なものとなっている。

小児性愛者たちはあちこちの国に行き、児童ポルノの写真とビデオを作り、所有し、交換し、流通ルートに乗せている。

たとえば、ジュルナル・ド・ジュネーブ紙は一九九四年四月一七日付で次のように報道している。「一六〇カ国の加入者がアクセスできる小児性愛者のためのデータバンクが、バーミンガム大学で発見された。このネットワークは、ポルノのサイトを検索するスペシャリストであるアメリカのハッカーグループのおかげで解体することができた。彼らが警告を発し、通報を受けた警察は、おびただしい数の子どもの淫らな写真が入ったホームページを発見したということだ」。

ポルノ市場が公然と組織化されている国もあれば、違法である国もあるが、とにかく、巨額の金銭のやり取りが行われている。

L・グレナー夫人は、欧州議会への報告書で、次のように主張している。

「児童ポルノの制作および商品化に対する刑罰をより重くし、児童ポルノの所有、購入、レンタルならびに交換を禁止すること。欧州警察とインターポール〔国際刑事警察機構〕は、国際レベルで実効のある反ポルノ攻勢を統括する、中心部局を開設するべきである」。

ポルノ業界の恐ろしいところは、性的搾取の目的で子どもを買い、誘拐し、麻薬漬けにする地下組織網が存在することである。

最近、一部で警察が努力したにもかかわらず、地下組織網が強化され国際化しているのが、アジアでの現状である。

このようにして罠に掛かった女の子たちは、偽の身分証明書を持たされて国外に出され、行方しれずになる子もいる。

国連は性的搾取を現代的形態の奴隷制と表現した。このような奴隷制のもっとも重大な結果の一つは、子ども自身が奴隷として振舞うようになってしまうことである。どうしてこのような子どもが、いつの日か自分の権利の主体になれるだろうか。どうしてこのような少女が、成人したときに、男性と平等であると実感できるようになるだろうか。

子ども買春の拡大に加担する観光業

観光業は世界経済の活況を呈している部門の一つである。海外旅行者の数は一九八九年には四億一四〇〇万人に上った。その数は、世界観光機関（WTO）によれば、一九九四年には五億二八〇〇万人に上ると算定された。観光産業が急伸しているのはアジア太平洋地域で、伸び率は七・六％、収益は一四％増大している。多彩な顧客のなかには、性的幻想を満たすためだけにその地域に行く観光客が含まれているので、二〇年前にはなかった、「セックスツアー」や「セックスツーリスト」という新しい言葉ができるようにさえなった。「セックスツーリストたち」は、ヨーロッパ、日本、オーストラリア、アメリカ合衆国、カナダなどからやって来る。彼らは自分の国でならしないようなことをする。このような観光はまさに、発展途上国の貧困状態に付け入ることを可能にしている先進工業国の経済的優位の上に成り立っている。このような観光と、観光憲章に定義されているような、民族間のふれあい、理解、繁栄、平和のもととなる真の観光を混同してはならない。

だれが売春させられる子どもたちの客なのか

多くの場合は表に出ない、客というのが売買春の第一原因である。客がいなければ売春婦もいないのだ。さらに、大人の女性の売買春がなければ、子どもの売買春はないだろう。発端は明らかだ。客は一般に男性である。（少年に心を引かれる女性のケースもいくつかあったが。）当人にとっては品位をけがす行為、子どもたちにとっては犯罪である行為をしているこれらの人物は、二つのカテゴリーに分けることができる。

――まず、小児性愛者。つまり、少年であれ少女であれ、子どもが相手でなければ快楽を得られず、警察や裁判を恐れずにすむ国に、逸脱した欲望を満たしにやって来る男たち。彼らはきわめて組織化され、彼ら向けに暗号化されたセックスツアーガイド『スパルタクス』のような出版物から情報を得ている。

小児性愛の旅行者は、次のように分けることができる。

◆たまたま、でき心で買春する小児性愛者たち。

◆子ども市場が公然と開かれている国へ定期的に行く常習的な小児性愛者たち。スリランカで見られるように、子どもの家族と親しくしている者もいるようだ。彼らは子どもたちをバカンスやレストランに連れて行き、贈物をする。慈善家のつもりなのである。

◆倒錯した、サディスティックで暴力的な小児性愛者で、子どもたちはまったく抵抗できない。マリ＝フランス・ボットは、二年間、バンコクの買春宿に監禁されている子どもたちを救出するために闘ってきたが、次のように証言している。「これらの子どもたちの八四％には、シルバーマン症候群、すなわち治療されていない骨折、身体の随所に見られる煙草による火傷などの虐待症候群が見られた」。

――そして、「普通の人」。つまり、本国の倫理的・社会的制約から離れた、観光客やビジネスマンや軍人たちで、大人の体つきをしているが、実際は一二歳から一五歳の少女を臆面もなく買う。

間違ったことをしているとは思っていないこういう男たちはどのように言っているのだろうか。

――小児性愛者たちの場合は、自分たちを糾弾する社会が間違っている、自分たちは子どもが好きなのだ、子どもたちには楽しむ権利がある、法律が風習より遅れているなどと言っている。彼らは子どもたちとの「新しい愛」を賞賛している。

彼らが言っていないこと、それは子どもたちにお金を払い、子どもたちをレンタルし、まるで単なる商品のように買っているということである。

──「普通の人」はといえば、彼らにも言い分がある。

「なによりもまず、子どもたちの生活を助けている。飢え死にするよりはまし」と、言う者もいるだろう。

それは本当だが、容認しがたい。

「あっちの国では、それが伝統なのだ。子どもたちは非常に早くその道に入るのだ。それは性的な遊びなのだ」と、言う者もいるだろう。

「食べるため」という言い分に続く、「文化だから」という言い分が、多くの人を納得させている。最後に、パリのタクシー運転手の証言を挙げておく。客の一人から、一二歳の女の子が好みだからタイに行くのだと、聞かされた。運転手が憤慨して、「でもね、お客さん、一二歳は子どもでしょ。子どもにそんなことしちゃいけないよ」と言うと、客は「いや、そういう国なのさ、……」と答えた。「そういう国なのさ」という短い言葉が、性差別、人種差別という、残念ながら広く見られるようになってしまった精神構造について雄弁に物語っている。

こうした差別に関しては、情報を広め、世論に訴える努力が必要であり、教育は幼稚園の砂場から始めなければならない。

「買春と観光」現象の歴史的説明

観光によって引き起こされる子ども買春の悲劇が一九八一年以降、国内および国際会議における懸案になっている。

一九八八年には、「第三世界観光のための世界キリスト教連合」というグループの提唱で、ある調査がスリランカ、フィリピン、タイで行われた。これらの初期作業の結果が、一九八九年七月三一日から八月四日までジュネーブに招集された国連の共同研究グループに提示された。共同研究グループの委員長であるオズボーン・アイドは、子どもの密売を取り締まる法律の強化と新たな諮問機関の必要性を強調した。

一九九〇年五月にはタイのチェンマイで、関係諸国の組織のメンバーと、キリスト教会、大学、ジャーナリストの代表者を集めたセミナーが開かれた。このあとで、ユニセフとカトリック国際子ども事務局の協力を得て、「アジア観光における子ども買春の撲滅」(End Child Prostitution in Asian Tourism) と題するキャンペーンを起こすことが決定された。略称はＥＣＰＡＴ (エクパット) である。このキャンペーンへの参加の呼びかけは明瞭であった。

「私たちは、ヨーロッパ、アメリカ、オーストラリア、ニュージーランド、そして日本の団体に、このキャンペーンの支援をお願いします。このような悲劇の原因は貴国の男性たちです。私たちが『現代的形態の奴隷制』と呼ばざるをえないものを廃止するためにも、あなたがたの援助が必要なのです」。

勧告と行動の時期

国際的に認識が高まり、次のような勧告が相次いで発せられた。

まず、一九八九年一一月二〇日に国連で採択された「国際子どもの権利条約」を挙げよう。その三四条には「締約国は、あらゆる形態の性的搾取および性的虐待から子どもを保護することを約束する…」と定められている。

一九九一年、欧州理事会の閣僚たちは、加盟九カ国の専門家による「青少年の性的搾取、ポルノ、買春ならびに人身売買」に関する報告と勧告を採択した（レポート R91）。報告書では、子どもを「消費する」客に特別な注意を払っている。「消費者の人格、社会的身分、人間関係を解明するためのさらなる追跡調査が望まれる。そのような調査により、既存の消費者と潜在的な消費者に対する広報活動と抑止的措置が容易になるだろう」。

一九九二年、国連人権委員会は「子どもの売買、子どもの買春、子どものポルノと闘う」と題する行動と防止の計画を提案している。「セックスツアーには厳重監視で臨む必要がある。セックスツアーを防止し、それと闘うためには、法的措置ならびにその他の措置を、客を送り出す国でも受け入れる国でも講じなければならない」。この計画は「貧困も、低開発もこのような子どもの搾取を正当化する理由にはならない」と強調している。

一九九三年、国際刑事警察機構は、未成年者が犠牲になる権利の侵害に関する共同研究グループを常設することで、この問題に着手した。この研究グループは、セックスツアー撲滅活動における連携体制の強化を呼びかけ、被害者を救済するためのフリーダイアルの開設を予定し、警察官を対象とした教育プログラムの編成と法律の適切な適用を求めている。

国際キャンペーンECPATの活動

一九九四年、キャンペーンＥＣＰＡＴが二六カ国で始められた。子どもたちの悲劇を明るみに出し、そして正すために、北の先進諸国でも南の開発途上国でも、活動の数が増えている。目的はすべてのグループに共通である。

◆国際的な抗議の潮流を起こすために、一般の人々に情報を与える。

◆観光客と観光業者に情報を与える。
◆「国際子どもの権利条約」を適用・実施させる。
◆国外で子どもに対して性犯罪を犯した者を本国で裁くことができる法律を制定する。
◆子どもとその家族に対する救済および防止活動を支援する。

さまざまな研究・調査グループが、現代社会が生んだ子ども買春という病巣を徹底的に分析し始めている。たとえば、小児性愛に関するシンポジウムが、医師、司法官、警察の代表者を交えて、フランス、ドイツ、スイスで開催された。

観光旅行に関する活動はといえば、旅行者に情報を与えるためのパンフレットが、数カ国の旅行代理店や航空会社によって配布されている。

フランスでは、ECPATキャンペーンを以下の四つの団体が展開している。
――子ども買春に反対する会（ACPE）、
――カトリック国際子ども事務局（BICE）、
――国際廃止派連盟（FAI）、
――子どもの声（VDE）。

そして、今後はなにをなすべきか

法律は現にある。それを施行させなければならないだろう。

東でも西でも、北でも南でも、性的搾取は人類の未来を脅かす犯罪であるから、
◆性的搾取は犯罪であるという全世界に共通の認識を持続、活性化させるために、メディアを通じて一般大衆に働きかけ続け、

◆現場の人々を孤立させないために、彼らの活動に対する国際機関の支援を保ち、
◆すべての段階で予防を強化し、
◆将来「常習者」にならないように、幼い男の子を教育しなければならないだろう。
人間には善と悪の素質がある。悪のほうが現れたら、私たち自身の内にある善をもって、悪と闘わなければならない。子どもたちが本当は生まれながらに持っている幸福になる権利を守るためにも。

（注1）「子ども買春に反対する会（A・C・P・E）」会長
（注2）小さな男の子の買春がますます頻繁に問題になってきていることを世に知らせよう。

（訳　杉藤雅子）

6　子どもの性の選択　性の抹殺・女の抹殺

ミシェル・ディラス

通常は一〇〇人の女児に対して一〇五から一〇六人の男児が誕生する。だが、男児のほうが虚弱で、死亡率も高いので、一歳になるときには男女の比率が等しくなる。

欧米や日本などの豊かな国では女性のほうが長命なので、女性の数のほうが男性の数よりも多い。発展途上国では、男女の比率が逆転する。

◆中国で一九九二年に行われた、一部地域の人口調査によれば、男性一一八・五に対して女性一〇〇、

◆韓国では男性一一三に対して女性一〇〇、

◆東南アジアでは男性一〇五に対して女性一〇〇、

◆クェートでは男性一〇〇に対して女性七六・二八、

◆インドでは、男性一〇〇に対して女性七四・二、ただし前回の人口調査では九七・二であった。

なにがこのような現象の原因なのだろうか。

女性の人口に対して男性の人口が増大していることについては、人為的な原因がある

昔から、私たちの家父長制社会では、衛生・栄養と医療に関して男の子と女の子は異なった扱いを受けてきた。男の子が優遇され、よりよい食物や医療が与えられ、就学率も高い。それに対して、女

の子は栄養不足で、幼いときから苦労の多い労働にたずさわり、ごく若いときからの妊娠と度重なる出産によって疲弊する。

世界中に広がり、国際的に告発されている女性に対する暴力は、子どものときに女の赤ん坊に振るわれることに始まり、さらに「幼女殺し」、そしてついには、大人の女が犠牲になる、性差別テロリズムの究極の形態である「女の抹殺」に至る。このような暴力の出現の根底には、男が女に抱く父祖伝来の「恐怖」と「憎悪」があり、女は男の所有物であり、男が定めた決まりに従わない女は罰を受けなければならないという意識がある。

◆カナダでは、ある大学内で、アンチフェミニストの男性によって、一四人の女子学生が殺害され、一三人の女子学生が負傷した。

◆旧ユーゴスラヴィアでは、敵陣の女性に対するレイプ、拷問、殺害が行われている。

◆米国では、白人男性により黒人女性が殺害され、異性愛男性によりレズビアンが殺害されている。

◆ブラジルでは、離婚女性が前夫の依頼によって殺害されている。前夫はこのようにして扶養定期金〔分割払の慰謝料〕の支払いと財産の分与を免れようとする。

◆中華人民共和国では、女性一人には子ども一人だけとする「一人っ子政策」以来、幼女が殺害されている。

◆インドでは、

――将来、夫に持参金を支払わなければならないので、家族にとって経済的負担になる娘が殺害されている。

――寡婦が亡夫を火葬する際に一緒に焼かれるサティーの慣行で、女性が殺されている。

――未成年女性の殺害が増加の一途をたどっている。

——サレム地方で行われた調査によれば、ここ二年間に、五一%の家族が女児殺しを行ったようだ。インド女性に贈ることのできる最高の祝福の言葉は、相変わらず今でも「一〇〇人の息子の母になること」を祈るというものである。

◆欧米諸国では、

——売春婦が殺害されている。

——レイプされ、エイズ・ウイルスに感染した女性が死んでいる。

◆イスラム諸国では、「男の名誉を守る規範」によって女性が殺害されている。

◆アフリカでは、性器切除によって幼女および少女が死んでいる(一億二〇〇〇万人の女性が性器切除されている)。

◆世界中で、闇中絶を受けた女性が死んでいる(死亡した妊婦の二〇―四〇%)。

◆これにとどまらない。

戦争で死ぬ男性の数については充分に語られているが、「生活条件ゆえに女性が大量に死んでいる」ことについては語られていない。地球上にはさらに一億人の女性がいてもいいはずなのだ。

新しい技術がこのような人為的淘汰に拍車をかけている。

◆胚〔受精後四八時間目に始まる卵割から第八週までの胎児〕の性別を判定する羊水穿刺によって、女の胎児の中絶が可能になる。インドのボンベイにある幾つかの病院で行われた最近の調査によれば、中絶された八〇〇〇体の胎児のうち、男はたったの一体だった(たぶん判定ミスによるものだろう!)。はたして、女の胎児の中絶を禁止する一九九四年のインド法が適用されることはあるのだろうか。

◆一般に妊娠中に行われる超音波検査を実施すると、胎児の性が判明し、またもや女の胎児が中絶されることになる(注1)（中国の奥地でさえ、超音波検査装置の売上げが増大の一途をたどっている）。
◆受精卵の性選別、すなわち着床前性決定が最新の技術革新である。それはもはや治療手段ではなく、男性に特権を与えるための予防手段である。それは二つの方法で実現することができる。
（a）Y染色体を持つ精子とX染色体を持つ精子を分離するたんぱく質を介して、精液をろ過することによって、Y染色体を持つ精子が母体に人工受精される。この方法はロンドンと香港で飛躍的に発展し、需要に応える二つの専門クリニックがある。成功率は男児では七五％、女児では七〇％くらいだろう。この方法は、受精が試験管の中ではなく、子宮の中で行われているから、受精卵の性選別を禁止しているイギリス法の網の目をくぐっている。香港では、このような処置を受けるには、カップルにすでに、望んでいる性とは異なる性の子どもが少なくとも一人いなければならない。中国人の大多数は「伝統的に」男児を欲しがるが、オーストラリア人やその他のアジア人にも数組いる（オーストラリア人の一カップルだけが女の子を選んだ）。
（b）着床前の八分割した受精卵中にある、精巣形成を促すと推測される、Y染色体に固有のSRY遺伝子の解明。これをテーマとする研究は、現在の医療では治療できない男性の重篤な伴性遺伝病を予防するという、公認の目的において西欧では許可されている。いつの日か必ず現れるであろう逸脱現象についてはすでに想像がつく。

性の選択が女性の社会的地位と全世界の人々に及ぼす最終的な影響

◆女性の社会的評価が、その女性が産む男の子の数次第であるような場合、受精卵の性選別をすれば、女性は何度も妊娠せずにすむだろうし、望まれず、虐待される女の子を産まずにすむだろう。それは女児になる胚と胎児の中絶を減少させるだろう。場合によっては、イスラム法が支配する国における一方的な女性の離縁をくいとめるだろう。

◆地球レベルで見ると、

――社会学的・哲学的議論をするまでもなく、私たちが活動し、私たちを方向づけている家父長制社会においては、男の子の誕生に価値が置かれるであろうことは容易に想像できる。すべての調査が、いわゆる先進国においてさえも、この点に関しては一致している。

――もし男性の数のほうが多ければ、幼女殺しはたぶん減少するだろうが、断言はできない。古代ギリシアの少年愛から現代の小児性愛まで、数世紀にわたって、自分を同性愛者だと思わずに、女性とよりも、男児や青年と性関係を持つほうを好んだ大勢の男がいたのだから。

――女性は、希少価値を持つようになると、閉じ込められ、監禁され、「淫売宿にされる」だろう…集団レイプもありうるだろう。女性の性的搾取は、常に優先される男性の利益に合わせて、激しさと残虐さを増していくだろう。

――結局、男を生むための子宮に代わるものを科学者が発見したり（閉経後の女性の妊娠を可能にする試みはこれに大きく貢献する）、ダッチワイフが高性能になったり（すでに「本物よりもそれらしく」）、また、あらゆる家父長制的宗教のタブーである月経がない）、家事ロボットの技術が完璧になったり、人間以下のクローン男が家事労働をするようになったとき、女性は男性によって最終的に絶滅させられるかも知れない。

（一九九五年一月一六日）

参考文献

Development dialogue（*Sweden*）1992：1-2,《Using technology, Choosing sex：The campaign

against sex determination and the question of choice》FASDSP Group 91.
Feminicide (U.S.A.), 《The politics of women killing》, *1992* (Jill Radford/Diana E.M.Russel Editors).
Quotidien du Médecin, France, 6/10/94; 14/10/94; 10/01/95.
Women's News Digest (Hong Kong), *june 1994 n° 32.33*, 《Call for watchdog greets first pregnancy at sex selection clinic》.

（訳　杉藤雅子）

（注1）インドと中国で一九九四年に新たに定められた法律では、胎児の性別判定は「原則として」禁止されている。

7 女性性器切除

マリ＝エレーヌ・フランジュー

女性性器切除は大別すると二つのグループに定義される。

――陰核剔出は、クリトリスと小陰唇を切除するもので、この風習はアフリカ、とりわけ西アフリカと中央アフリカの多数の民族で行われている。インドネシアやマレーシア、イエメンでも見られる。陰核剔出は男性の割礼に匹敵するものではなく、むしろペニス部分の剔出に相当する。

――陰唇縫合は、陰核を切除した後大陰唇を切断し、外陰部の両側を縫合する。その場合、月経血と尿のための小さな排出口を残す。縫合の風習は東アフリカ地域に見られる。

「縫合した」女性は、結婚すると、性交にそなえて縫合した部分を刃物で切開する。しかし、切開しても出産に耐える広さにはほど遠く、子どもが生まれる時にはさらに広げる。出産直後に切開口はもとのように縫合し、出産の都度これを繰り返す。

以上大別した二つのグループに加えて今後は、「文化や宗教上の理由から、あるいは治療以外の目的で」女性の生殖器に施す処置はすべて性器切除とすることが適切である。たとえば、クリトリスあるいは小陰唇や大陰唇に針をさしたり、穿孔したり、切開したりすること、クリトリスあるいは陰唇を伸ばすこと、クリトリスを焼灼すること、膣口をひっかいたり、膣を切開すること、出血させたり、あるいは膣を狭めたり縮小するために、腐食性物質や植物を膣に挿入することなどである。

ここで、世界保健機関が公表するデータが必要となる。それによると、アフリカ大陸のおよそ一億三千万人の女性と少女が性器切除を施されている。また、アラビア半島、とりわけイエメンとオマーンにもこうした女性や少女はおり、インドネシアでも散見される。その他、ヨーロッパ、アメリカ合衆国、オーストラリアなどでみられるのは、世界中に広がる移民の間で行われているからである。

ところで、宗教は以上のような残酷な風習を一切規定していない。コーランには言及されていないし、多くのイスラム教徒はこうした風習をもたない。それに対し、原始宗教、キリスト教、ユダヤ教は娘たちの身体を傷つけてきた。女性性器切除を維持する理由は多数ある。宗教上の理由で論じられることが多いが、とりわけ処女結婚と夫への貞節が論拠とされる。婚姻時の処女性はきわめて重要で、むかし、セネガルでは地域によっては、結婚式で銃を三発発砲しなくてはならないと語り継がれ、花嫁が処女の場合は天にむかって、そうでない場合は花嫁に発砲された。

切除は、将来の妻を害になる不純な性交から守ると信じられているが、クリトリスの切除でたしかに性感覚は鈍るが、性欲を抑えることにはならない。

少女の性器切除は多くの場合、鍛冶屋の妻が行い、それに対し、少年の割礼は夫の鍛冶屋が行う。鍛冶屋の妻には報酬が支払われる。これについては一考を要する。というのは、この女性に少女の性器切除を止めさせたくても、新たな収入源をあてがわない限り納得させられないからである。

女性性器切除はアフリカに特有なものではない。欧米の外科医もまた女性や少女の性器切除を行っていたことを思い起こす必要がある。今日からみると、それは「医療」行為というよりは「社会的」理由で行われていた。一八九五年に出版されたフランスの解剖論文の抜粋から一例をあげてみる。きわめて古典的なティローの論文である（Traité d'anatomie topographique avec application à la chirurgie de P. TILLAUX, 1895, Paris, Asselin et Houzeau, libraires de la faculté de médecine, p.888)。

「イギリスの外科医の中には、ベイカー・ブラウンもその一人だが、自慰の習慣の進行に、クリトリスの長さが多大の影響を与えているとした。そのため、頻繁にこの部分を切断した。しかし陰核切除手術をしても、主に、想像力と神経系に司られるその行為をしなくなるわけではない」。

同じく、身体変工もアフリカ特有なことではない……

その例として、一九世紀末の欧米の女性のコルセットがある。低年齢から身につけるので胸郭と肺の萎縮を引き起こしていた。

たしかにどの人間社会でも、身体変工の風習をつくりだすものだが、それが健康に悪影響をおよぼす元凶になりうるのである。

この点からも、女性の性器切除はまさに社会の病であると言いきれよう。

クリトリス周辺は女性の身体でも最も過敏な部分であり、この部分はわずかな傷でも極度の苦痛をともない、痛みでショック状態になることもある（切除された女性はそれを「苦難」あるいは「拷問」と表現している）。

この部分はまた多くの脈管が通り、血管が集中する部分であり、とりわけクリトリスの動脈部分は重大な出血を招き、時には命を落とすこともある。フランスでは出血がもとで子どもが死亡している。

クリトリスと小陰唇には、外陰部の特殊な感覚をもたらす特別な触覚の受容体がある。したがって、性器切除により感覚の減少、つまり切除する組織の規模に応じて不感症を招く。その結果、「性感」が大幅に減退するか、時にはまったく無くなることは避けられない（クリトリスの周辺部の特別な受容体は膣を構成する組織には無いのである）。

様々な性器切除によって引き起こされる傷は癒合したとしても、柔軟で伸縮性のある外陰部の組織は、繊維状の固い組織になる。そのため、陰核切除をした女性は出産時に会陰裂傷が頻繁に起きる。適切な介助を受けなかったり、繊維組織を切開しなかったりすると、陰部封鎖をした女性の生命が子どもともども危険にさらされることになる。

感染の度合いもきわめて高く、局部や周辺または全身に広がる。外陰部の感染ですむこともあるが、泌尿器をたどって子宮や卵管にも及び（その結果当然ながら不妊症になる）、感染で敗血症になったり、死亡することもある。破傷風やエイズを引き起こすこともある。

こうした感染は性器切除の直後あるいは時間を経て現れる。

「早婚」（思春期にはいったばかりの少女が親の取決めで結婚すること）に関連した性器切除と陰部封鎖は、膀胱膣瘻あるいは直腸膀胱瘻の原因となる可能性もある。低年齢の難産により発症する瘻は尿管と直腸に影響し、失禁や抑うつ症、自殺を招くこともある。

以上、こうした処置を受けると、もとの状態には戻れず、女性や少女の健康に害となり、後遺症を生涯に残すので、撲滅しなくてはならない。

性器切除が引き起こす事態は、以上見たとおり数限りなく、多くは悲劇的である。性器切除は最低限の基本的人権を侵害するものであり、生命に対する、身体と健康また性の成熟に対する、女性と少女の権利を侵害することでもある。切除は数えきれない悲劇の元凶であり、死亡率と罹患率にも影響を及ぼす。アフリカ大陸が世界で一番産褥死が多いのはそのためだとわかるであろう。

七〇年代末フランスで陰核切除を受けた数人の少女が出血多量で死亡した。そこで、子どもに対するこうした過酷な扱いを防止するために、アフリカの女性とフランスの女性がグループを結成し立ちあがった。現在、フランスに住む少なくとも二万人の女性と一万人の子どもが性器切除をされたか、される危険にさらされていると見られている。

GAMS（性器切除撲滅女性団体）は一九八二年に設立され、以来アフリカ人家族と彼らのために活動する専門職者（保健衛生や社会教育などの）にむけて情報キャンペーンを行っている。

その情報は、当然のことだが、フランスでは子どもに対する性器切除は法律で禁じられているというものだ。暴力に等しい性器切除は重罪院の管轄にあり、切除を行った当事者と両親にフランスの司法は実刑判決を下している。とりわけ、情報ではこうした風習は危険であると理解させるのを目的とし、アフリカでももうやめてほしいということを知ってもらうためである。（事実、「女性と子どもの健康に影響する伝統的慣習に関するアフリカ諸国連合委員会」が一九八四年に設立され、以来委員会は行動を広げ、今日ではおよそ二八カ国にグループがあり、アフリカ諸国でも女性の性器切除の撲滅を働きかけている。十分に情報を得た家族では娘を守るようになってきている）。

幼児期に性器切除を免れたとしても、少女たちを、一二歳、一三歳、一四歳ごろになると父親がとり決める強制結婚からも守ってやらなくてはならない。

女性の性器切除と早婚は許されるべきではない。両者とも人間の基本的人権の侵害であるのは議論の余地がない。付け加えるならば、こうした習慣がのさばるアフリカの大半の国は子どもの権利条約と女性の差別撤廃条約を批准しているのである。

（訳　菅原恵美子）

第II章　ヨーロッパ

1 貧困と雇用の不安定性―フランス女性の行き着くところ

フランシーヌ・バヴェイ

女性が世界の人口の半分以上を占めることは言うまでもない。しかしながら、女性には教育や魅力的で収入の多い仕事に従事する機会がほとんど与えられず、健康面のケアも十分に受けられないことが多い。さらに、公的生活からも排除されている。

女性の財産権も多くの国でいまだに認められておらず、認められたとしても人類の世襲財産のおよそ一％にすぎない。(注1) また、世界の文盲の三分の二は女性である。

就労面でみても、有償労働は難しく、ほぼ不可能であることが多い。有償労働にたずさわらないからといって女性が非労働者であるはずもない。現に女性の一日の労働時間は一般に男性より多い。それなのに、女性の家事や育児、老人の世話は労働として認められず、国民経済計算に計上されていない。(注2)

一九九〇年の労働人口に女性の占める割合は、工業国では四二％、ラテンアメリカとカリブ諸国は三二％、北アフリカとその他のアラブ諸国は一三％である。そのうえ、女性は概して低報酬で限られた職種に従事し、差別や職場でのセクシュアル・ハラスメントの対象になっている。しかも、有償労働に加えて長時間の無償の家事労働もする。女性労働はインフォーマル・セクターでかなりの部分を占めているが、それによって子育てをしながら働くこともできるのである。

ほとんどすべての国で、女性の圧倒的多数が労働市場の低層部に属し、資格が男性と同等であっても給与は男性より低く（先進国で三〇－五〇％の差）、失業のリスクも高い。

フランスの状況も世界並み

一九九二年の女性の賃金労働者と求職者の総数は、労働力人口の四四％の一一〇〇万人であった。一九六二年の六六〇万人と比べると六六％の増加である。

二五歳から五四歳の女性の七五％は労働力人口とされる（この場合、家事労働は言うまでもなく職業活動ではない）。

——女性労働力の一三％に当たる一五〇万人が失業。

——女性労働者の約四分の一に当たる三〇〇万人がパートタイマー。

——一〇万人が派遣労働者だが、企業の清掃業務以外女性の派遣労働業種は少ない。

——三〇万人が期限付労働契約のもとで就業。

——二六万人が研修者として働く。

つまり、労働力人口一一〇〇万人のうち五〇〇万人は不安定な雇用や低報酬の労働に従事するか失業者なのである。

女性労働者の大半は第三次産業に従事

女性の雇用は第三次産業の雇用の変動と並行して発展してきた。資格をほとんど要さない雇用がある一方で、非常に高度の資格が要求される雇用も生まれた。たとえば、高級管理職では女性は三〇％を占め、学歴も平均して男性より高い。

国民経済計算で分類される職業分野は三九あり、そのうちの九分野で女性が大半を占めている。個人サービス、小売業、繊維産業、衣料業界の女性の雇用は六一％である。

パートタイム労働は押しつけ

統計によると、パートタイム労働者の七五－八五％は女性であり。女性は四人に一人、男性は一〇人中わずか一人が、パートタイム労働者ということになる。ところでパートタイム労働は女性自身の選択なのだろうか。

パートタイム労働は、企業に柔軟性をもたらすもので、商業部門や社会保障が薄く、女性化の進んだサービス部門で目ざましく発展した。他方、工業界でパートタイム労働がほとんど広がらなかったのは、パート労働は資格をほとんど要さない部門の雇用形態であるということを表わしている。

一九八〇年代以降パート労働は、法律や命令、政令により増大し、「社会保険料の雇用主負担分を一定額期限なしで減額することによって（一九九二年施政方針演説）」パートタイム労働を推進したベレゴヴォワ内閣まで、歴代の政権の失業対策として用いられた。その後も一九九三年八月のジロー計画で、企業主に有利なこうした柔軟な雇用傾向が容認されているのが現状である。

ここで注目しなくてはならないのは、清掃婦や雑役婦やパートタイムの店員の大半は勤務時間に満足しておらず、もっと働く時間を増やしたいと思っていることである。一方、公務員職では秘書と事務職のおよそ四分の三は勤務時間に満足している。これは選択の影響力が大きいことを示している。つまり、労働形態を自由に選択した女性の三〇％はパートタイム制に満足しているが、残りの七〇％は強いられたと考え、不満に思っている。一方、パート労働の割合が最も低いのは、意外にも二五－四〇歳の出産年齢の女性層であるという統計もある。

つまり、パートタイム労働は、生き方の選択としてよりも不安定雇用の現象として現れているのである。たしかに、パート労働とは部分的収入のことであり、保護を薄くして労働時間を短縮することに他ならない。

マルガレ・マルアニ(注3)は、パートタイム労働と共に、きわめて女性的な労働形態が再登場し、七〇年代に消滅しつつあったジェンダーの溝が再浮上してきたと指摘する。女性の収入は副収入であるという古い考えが背後にあるため、社会通念では女性はパート労働を受け入れるとされる。男性が半分の賃金を得るために半分の労働をすることを社会は容認していない。したがって雇用主は女性にのみパートタイム制を勧めるのである。男性に対してはレイオフが拡大しているが、これは別のことである。パートタイム制と違って補償があり、雇用形態は全日労働のままである。パート労働の申し出を拒否しても商工業雇用協会の権利を喪失する恐れはない。

以上、女性が自分の意思でパートタイム労働にする場合が多少あるにしても、女性の大半は意に反して押しつけられ、それがますます女性の状況を不安定にしているのである。

行政は臨時雇用とパートタイムの同時推進に拍車をかけるが、その目的は明白である。関心は失業対策にあり、仕事と家事の二重労働にはない。担当大臣は「この特別制度は容認されており、支持されていないわけではないので、もっと一般的で広く受け入れられる労働形態」に変革させようとしている。(編者注・誰のために?)つまり、近親者の介護のために権利としての半日労働の創出(一般的に介護は誰がしているか)と経営の合理化とパートの雇用創出がそのための政策としてあげられている。そうすれば雇用は創出されるだろう。しかし、一方では消費研究資料センターの調査によると、公務員の四分の三は三割以上の時間短縮を望んでいない。

以上結論として、今後、労働市場での差別を全面的に禁止する法を採択し、のみならず、法を尊重し、それも世界中に守らせる必要がある。また、根強い偏見と闘う積極的介入政策も不可欠である。

とはいえ、国によっては女性に投票権すら与えず、北欧は例外として、いずれの政府も中枢部に女性が少ないため、以上のような女性の状況を改善する行動手段はきわめて制限されてくるのである。

（一九九五年三月）

（注1）女性が生産資源の所有権を得たのは一九六〇年以降にすぎない。（編注）
（注2）現在変わりつつある（ミシェル・デイラス）
（注3）フランス国立科学研究所の女性研究員

（訳　菅原恵美子）

2 家事手当は女性を家庭に引き戻す罠

ミシェル・デイラス

一九八五年
ナイロビ世界女性会議は「農業、食料生産、生殖（原文どおり）、家事労働における女性の無償の貢献を報酬で評価する具体策を講じなくてはならない」と「女性の前進をめざす戦略」で明文化し、国連は一九八五年一一月六日批准した。
当時、女性の労働量は世界全体の三分の二を占め、世界の総収入の一〇％に相当した。また、アメリカの調査では、合衆国の女性の無償労働は、国民総生産の三五％以上に相当し、世界全体ではおよそ四〇〇京ドルにも上ったことになる。

一九九三年
アメリカの「黒人女性会議」は他の組織の支援を得て、無償労働に関する法案の支持を表明した。また、ヨーロッパの「欧州議会」はEC加盟国に女性の無償労働の数値化と算定、および国民総生産への加算を要請する報告書を提出した。議会は同時に、農家や家庭での女性の無償労働に対する賃金およびその他の金銭的代償の支払いと子育て中の女性に対する社会保障も盛り込んだ。

一九九四年
フランスで「養育親手当」法（APE）が採択された。「養育親手当」は退職した親とパートタイムで働く親に対して、第二子から三年間支給される。APEには二つの目的がある。一つは、手当の受給者の九九％は女性になると予測されたことからも、女性を家庭に戻して失業者を減らそうとする目的であり、もう一つは、フランス人あるいはフランス在住のヨーロッパ人のみを対象としたことからも、出生率の上昇をはかり、優れたヨーロッパの子どもを確保することにある。

「手当」の出発点は、シモーヌ・ヴェイユが提唱した「家庭と職業生活の両立を図る必要性」にあった。しかもこの両立はあくまでも女性にのみ求められた。

ともあれ、子どもが自然に生まれるはずもないし、子どもが精霊から生まれることもあるはずもないのにである。

「手当」は、父親の責任放棄と男性が女性に奉仕される権利を持つ、あの家父長制社会の特権を容認することになった。というのは、専業主婦は社会にとって負担になるとわかっているのに、子どもとパートナーに奉仕するために家庭に留まることで手当を支給される女性のことをどう釈明するつもりなのだろうか。

「手当」はそれを申請する女性を陥れる罠である。パート労働が不安定で低収入であり、昇給も昇進もなく、年金も少ないことを承知のうえで、パートタイム労働を続けるか、家庭外の労働を全面的に停止するか。停止すれば昇進のポストは男性に渡り（男性はそれしか望んでいない！）、次第に職業知識や経験は目減りし、職業能力、就職ないし転職のチャンスはなくなっていく。いずれにせよ、この罠で、まず第一に、女性は家事や育児、また老人介護も当然のように背負うことになる。したがって、男性は永久に責任を免除され、性的役割分担の二極化が進む。第二に、個の完全な自由の基盤になる女性の経済的自立が失われ、離婚やユニオンリーブル〔税制・社会保障制度で認められた事実婚〕の解消では無一文になる。第三に、APEを受給する女性が三年後に職場復帰できる保証はどこにもない。企業の移転や仕事の部署の変化などがその間に起こることもある。「手当」は女性の二極化を拡大する。仕事を中断せず子どもを育て、そのうえ家事もする女性と、パートナーの最大級の幸福のために子育てと家事に専念して手当を支給される女性との溝を深めるばかりである。

「手当」は全女性の弊害になる。というのも子ども一人につき三年間休職を許す出産年齢の女性を採用しようとする雇用主などいるはずがないからである。なのに、すでにここ六カ月間で、「手当」を受給し家庭にもどった女性は五万五千人にのぼる。

仕事と家庭の両立は、男女双方の労働時間の短縮や、雇用の創出につながる子どもの保育制度の改善（保育所、学童託児所、幼稚園、余暇センター）、男女の家事の分担、両親の賃金にスライドさせる家族手当の改善、高齢者向けのヘルパーと給食サービスの雇用の創出などの選択肢から開けてくるはずである。

（訳　菅原恵美子）

3　旧ユーゴスラビアにおけるレイプと強いられた妊娠

ミランカ・ミルコヴィッチ＝クルスティッチ（注1）

宗教の如何を問わず、世界各地で男は戦争をし、女はレイプされる。女性が簡単に「娼婦」扱いされる我々の家父長制社会では、レイプは戦争状態にある国なら必ず用いる戦争の武器である。ユーゴスラビアでは、人々の心に強烈に刻まれた「歴史」のために戦いが起きている。領土拡大という集団の意志のもとで女性が標的にされる。戦場の残虐行為をメディアは奮い立って報道し、それがまた国民を興奮させる。そこではメディアによる驚くべき世論操作が見られたほどだ。これは、長らくヨーロッパで内戦がなかったためである。

1　レイプはいつでも戦争の武器

戦争のたびに女性はレイプされてきた。女性は、男性優位社会で育った男性の標的なのである。「文明の長い歴史の中で平和だったのはわずか二八〇年間である」（注2）。レイプはいつでも戦争の武器だった。家父長制文化では、武器は支配の陶酔感を与える。ユーゴスラビアの紛争地帯では男性の二人に一人が武装している。レイプは軍事作戦の一つであり、ユーゴスラビアであろうと、他の地域であろうとすべての軍隊によって行われる。

性暴力は残念ながらユーゴスラビアに始まったものではない。日本軍の一九三七年の南京攻略と慰安婦。第二次世界大戦中には二〇万人の台湾、朝鮮、中国の女性が、日本帝国軍の慰安のために強制連行された。一九四四－四五年にかけてドイツ女性はロシア兵にレイプされた。ベトナム女性はアメリカ兵に、アルジェリア女性はフランス兵にレイプされた。ケニアの難民キャンプのソマリア女性、イスラエル刑務所内のパレスチナ女性、チベット、クルド、ハイチ、エルサルバドル、イランの女性たちのことも忘れてはならない。

レイプは女性に対する家父長制の犯罪である。恐るべき残虐行為への男性の欲求は危機が頻発する時代にはより激しくなる。その原因は昔から続く女性蔑視にある。レイプの加害者は被害者に自己を卑下し無価値なものと思わせるようにしむける。

2　家父長制社会における女性の地位

女性に対するこうした暴力は驚くには当たらない。というのも平和な時代においてすでに女性は劣り、価値の低いものとみなされているからである。ユーゴスラビアでは最強者の慣習法が支配している。そして女性もこの家父長制社会にくみしている。旧ユーゴの女性は解放とはほど遠い状態である。それどころか、理論上は、共産主義によって解放されることになっていたにもかかわらず、女性は各自が孤立し、それがまた女性の隷属を永続させている。家事に加えて家庭外の労働で疲労こんぱいした女性には抵抗のすべを身につける気持もない。思考能力が麻痺し自主性も失っているために、彼女たちは、浅はかにも、自分たちは母親なのだから、まさか男たちの戦争に巻き込まれることはないだろうと非現実的な考えでいる。この国のメンタリティーがスーパーマンや戦闘員を望んでいるのだ。戦わず、酒を飲まないのは男ではないとされる。これは男女に共通の意見である。双方が同じ考えなのだから、戦争が起きても不思議はない。検閲なしの過激なポルノグラフィーを流布させて、女性をおとしめようとする意図にも、男性の女性に対する嫉妬心（男であることが不満なのだろう）を見いだすことができる。

3　旧ユーゴスラビアにおけるレイプ

国や宗教とは関係なく、レイプするのは男である。犠牲者は主としてイスラム系住民だと言われてはいるが、すべての陣営でレイプが起きている。ボスニアでは国籍も性別も問わずレイプされている。一九九四年三月の「分断された女性たちのネットワーク」によれば女性は三〇分に一人の割合でレイプされている。イスラム系住民はセルビア人とクロアチア人を非難し、クロアチア人はセルビア人を、セルビア人はクロアチア人とイスラム系住民を非難する。どの陣営にもそれぞれの真実がある。メディアはイスラム系住民の被害状況だけを報道しようとした。イスラム系住民やクロアチア人が村や集落、サラエボなどの都市のセルビア人地区を制圧した際に何が起きたかは報道しなかった。一九九三年三月四－一〇日号のエヴェヌマン・ド・ジューディ誌は「ロイ・グトマンはニューズデー紙上でセルビア軍のレイプを最初に告発したジャーナリストの一人である。彼の任務は、敵陣営に外国人志願兵を送り込み、ボスニアでのセルビア軍によるレイプとされる事件について虚偽の報道をすることだった」と明らかにしている。グトマンは「クロアチア－イスラム系住民」軍の志願兵であるロバート・ロフトハウスという人物と共謀したらしい。また、「数カ月間、サラエボの国連警察軍を指揮したマッケンジー将軍は次のような新事実をコメントした。『双方ともに、まず味方の自国民に向けて発砲し、それを敵方のせいにする』。この発言が原因で、マッケンジーが複数のイスラム系女性をレイプしたとの噂が流れたのだろう」と同誌は報じている。ラ・クロワ紙以外はどの新聞もイスラム系住民やクロアチア人のやり方について取りあげなかった。「もし仮に犠牲者や難民の中にセルビア人が含まれていなかったなら、いくつかの取材番組はCNNテレビに売り込まれていただろう」と、ザグレブに拠点をおく人道組織の責任者は冷静に分析する。「レイプに関する情報の大部分はプロパガンダに近い。レイプ事件の統計は紛争の歪曲化に手を貸している。現地では戦争の現実がすべての陣営によって歪曲されたが、（略）西ヨーロッパでは、その内の一つの陣営、つまりセルビア人だけが悪者扱いされた。セルビア支配下の地域で行われた数々の非人道的行為は（略）政府管理下のボスニア＝ヘルツェゴビナでも、ヘルス＝ボスナのクロアチア共同体でも等しく行われた」（マゼヴィッキ報告）。同じく、アメリカが作成した戦争犯罪者のリストにもクロアチア人は含まれていなかった。ザグレブの国際赤十字の責任者、ウルス・ボエリとカルロ・フォン・フルは、「一方的な見方は妥当ではない。どの陣営も等しくジュネーブ条約のほとんどの条項に違反しており、民間人を標的にした残虐行為を行っている」と述べている。つまり、レイプはすべての戦争当事国が犯す犯罪行為なのである。

レイプ犯の目的は何か？　男性は昔から女性を隷属させてきたのに、その女性が敵となると、まず第一に、その女性を苦しめ殺すことになる。レイプは精神と肉体の破壊である。なぜなら、レイプした後で殺害することが多いからだ。レイプ犯は精神異常者というわけではなく、社会に適応した「普通」の「良い」父親であったり、従兄、友人、隣人、元級友であったりする。しかもしばしば集団で、一人の女性を何度もレイプする。それも公衆や、家族や隣人の面前で。国連保護軍の兵士でさえセルビア、ロシア、ウクライナ、ポーランド、チェコ、スロバキアの女性を監禁し奴隷のように扱っていた売春宿に出入りしている。いくつかの場所では、民兵が女子専用の収容所を設置している。サラエボ郊外のヴォゴスカにあるソニアモーテルもその一つである。ボリスラヴ・ヘラクの告白によって、その存在が明らかになった。「そこはモーテルを女子刑務所に変えたもので、常時、八〇人から九〇人のイスラム系女性がいた。『新入りの娘が入ってくるので、前からいる女たちには居場所も食料も当てがない』と収容所長のミロ・ヴコヴィッチは時々言っていた。だから、皆でレイプした後、車でズックの山へ連れて行って殺すのだ。自分は今までにアニサ、ファティマ、マジュラ、サビナ、セナダ、スブラの六人を殺した(注3)」。

レイプは戦争の武器にとどまらない。なぜなら、帰還後も家庭内で引き続きおこなわれるからである。男たちは壁にむかって銃を発砲して妻や子どもをおどす(注4)。ザグレブにある「殴られ妻の家」に助けを求める声が倍増している。男性優位の考えでは、虐待を受ける女性の方が悪いとされる。なぜなら女性は売春婦だと考えられているからである。戦場に行き、戦争の恐怖に打ちのめされて、自縛を解くことができずに男たちは帰還する。彼らは不眠や悪夢、恐怖にさいなまれ、最後は酒に溺れてしまう。

レイプの目的は何か？　この家父長制社会は、セルビア人にレイプされた非セルビア女性にセルビア人の子を産ませるというのだ！　これは勘違いもいいところだ。レイプされた女性はレイプ犯の子どもなど産まないし、仮に産んだとしても、セルビア人に対する憎しみの中で育てることだろう。

一九九二年一二月、ＥＣの調査委員会は「ボスニアにおけるレイプ行為は紛争で二次的に発生した事態ではない。一貫して屈辱をあたえる作戦に組み込まれていた。その作戦は共同体住民の士気を弱め、恐怖に陥れ、町から脱出させ、占領軍の力を見せつけるためという明確な意図で遂行された(注5)」と明らかにした。

レイプと強制的妊娠は軍事作戦の手段として、敵の共同体を崩壊させるためにも用いられる。なぜなら、家父長制社会ではレイプされた女性は恥であり、その生まれた子は父親のものとされるからである。セルビア人はレイプした女性たちを監禁して、中絶させなかった。

ザグレブの女性グループ「トレシュニュエヴカ」は、「売春宿を兼ねたこれらの強制収容所は大型兵器の一つにほかならず、三万五〇〇〇人以上の女や子どもに対して非人間的な拷問が行われた。レイプ、集団レイプ、近親相姦（以上の三つは気力や抵抗を封じ、自我意識を低下させて打ち砕くための特別な心理的手段として用いられた）、幼児を焼き殺す、赤ん坊を溺死させるという犯罪が日常的に行われた。一〇歳から三〇歳の女性はすべて性欲の対象にされた。一日に四〇〜五〇人の客をとらされ、性病をうつされ、内臓疾患にかかり、食事も与えられず、拷問その他さまざまな屈辱を与えられた。それは民族そのものを破滅させることだった。なぜならば女性は母性の象徴であるから」と報告している。

教会が復権したクロアチアでは、中絶費用は手が届かないほどに高額で、妊娠一〇週目以降は禁止されている。無痛分娩も硬膜外麻酔も行われていない。救急か、あるいは高額な医療があるだけだ。したがって戦争のさなか、自らの手で中絶を試みる女性の命がどうなるか想像に難くない。女性団体やフェミニストの連帯組織はレイプされた多くの女性たちの支援にかけつけた。食事の世話をし、裁縫、タペストリー作り、刺繍、編み物、機織りなど創造的、工芸的、文化的な手仕事を教えるアトリエを開いた。これらは女性たちの心の健康を取り戻すためのセラピー活動であり、彼女たちが自分に対する信頼と自信を回復し、これ以上絶望にうち沈んだり、自殺や薬物中毒に陥ることがないように保護するのが目的であった。

レイプされた女性の正確な数は、決してわからないだろう。一〇万人以上かそれ以下か？　エヴェヌマン・ド・ジューディ誌一九九三年三月四－一〇日号は直接訴えのあった疑う余地のない数として二〇〇人弱と報じている。「ザグレブでは、レイプされて妊娠している女性で、インタビューに応じてくれるただひとりが入院している病院の一一号室の前に、三つのテレビ局取材班が陣取っていたが、アメリカのテレビ局がドルを渡してそのインタビューを独占してしまった」。サラエボでは、「ボスニアの調査団によれば、レイプによる妊娠で出産した女性はたった一例」と二月二日のAPF通信が伝えている。アムネスティー・インターナショナルは、「妊娠している女性のインタビューにはまだ成功していない。EC調査委員会は、ボスニア難民代表イルメット・グレゴの推定数をもとに、レイプによる妊娠は一〇〇〇件だと『提示している』。イスラム系女性へのレイプは二万件とECは『公認』しているが、クロアチア人にレイプされたセルビア女性の証言については明らかに何の調査も行われていない。アムネスティー側は推定の数さえ出していない」と語っている。

誤った情報を流し、そのうえ、信用を失墜させたメディアの恥ずべき姿勢に言及しなくてはならない。常に名声を追い求めるジャーナリストは、ボスニアの収容所や病院へやって来て「イスラム系住民と結婚していて、ボスニアにまだ暮らしているクロアチア女性はいないか」と質問する。そのたびに私は彼らにたずねる。「レイプされた女性でないといけないの?」。収容所に到着したジャーナリストが何をたずねるのかというと、「レイプされたことがあり、英語を話す人はいないか?」なのだ。「レイプされた女性にたいする異常なまでの関心は、いつでもそうだが、彼女たちの保護に向けられるのではなく、さまざまな政治目的に向かっていたようだ。メディア、とりわけCNNは、『罪もない犠牲者の救出を目的に』(注6)緊急の軍事介入を正当化するための心理的ムードを作りたかったのだ。私たちのように、真実を犠牲にしたセンセーショナリズムが支配的なことを嘆く者は多い。レイプ報道はメディアの武器になった。西ヨーロッパでは、女性たちはポルノまがいの描写を楽しむのぞき見趣味のルポルタージュで屈辱をうけている。先述のエヴェヌマン・ド・ジューディ誌(注7)には次のようにある。「『おそらく、新聞の編集主幹の何人かを戦争犯罪で断罪することになるだろう』とBBCワールドサービスのネナド・セレクは言う。彼によれば、目をくりぬく、敵の捕虜の胸にセルビア十字やモスクの烙印を押すといったいくつかの残虐行為は、メディアが間違って報道をした後に現実となった。旧ユーゴの住民たちだけが誤った報道をうのみにしているわけではない。世界の論調の中で、今日、セルビア人は『悪魔呼ばわり』されているのだ。セルビア人はもっと虐待行為をしていると言っても人は信じるだろう。常に、黒か白か、加害者か被害者かなのだ」。メディアを注意深く見てみると、彼らは自らの報道の内容をよく知らないか、知らないふりをしている、という感じを強くもつ。人種差別主義、民族浄化、人民、少数支配、大虐殺、ファシズム、調和的共存、どの言葉も錯誤に陥っている。レイプの犠牲になった女性たちに最も必要なのは、避難所と、レイプが人類に対する戦争犯罪として認識されることである。

多民族、多宗教、多文化の複合国家の成功例になると信じられていたこの国において、女性が戦争のプロパガンダとして利用された。三五年間にわたり共産主義が支配したこの国で、女性に対するこの暴力は、原始心性〔民族学用語〕を根強くのこすセルビア人、クロアチア人、イスラム系のそれぞれの社会に宗教原理主義を呼びさました。どれが正しくて、どれが悪いと言うのはまったく子どもじみていることだが、個人がアイデンティティーを必要とする限り、ナショナリズムは消滅しないことを我々は知っているだけに、ナショナリズムによる災禍は遺憾なことである。また、世論の変わりやすさや、世論がメディアに操られていくさまがわかり、大衆の愚かさが一度ならず明らかになった。「セルビア人は昔からフランス人と友好的だったのではないか？　クロアチア人はどちらかといえばドイツ人寄りで、ヒトラーの時代でさえもそうだった」(注8)という具合に。一方、ボスニアのイスラム系住民は中東の原理主義者の支援を得た。女性にとっては戦争の結果はいつも同じだ。女性は家父長制の犯罪に苦しむだけである。レイプは社会現象であり、またしても歴史に、集団による性暴力が刻まれた。この犯罪は個人が犯したものであるから、犯人たちは裁かれねばならない。社会はレイプされた女性をこれ以上排除してはならないが、女性のために法制度を見直し、レイプの原因と結果にたいして対策を講じなければならない。もちろんレイプの情報がのぞき見趣味やポルノ的にならないように、レイプに対するメディアの姿勢も変わらなければならない。同じく、こうしたレイプから女性が自由になるために、これからなすべきことは多い。その自由とは妊娠のどの時期にでも中絶できる権利を得ることである。現在は、国や政党、政府、教会が、つまり男性が法律を規定している。女性が従軍するわけではない戦争のために被害をうけることは許せない。女性が平和を望むならば、まず男性を変えていかねばならない。

一九九四年　証言

◆ボスニア在住イスラム系―Vさん二四歳、既婚、コザラッツ（ボスニア北西、プリェドル近郊）の出身、労働者。カルロヴァッツで難民生活。

「二泊したトルノポリェの学校には、五〇〇〇人ほど女の人がいて、赤ん坊が何人か死んだ。人が多すぎたからだわ。私は乱暴されなかったけれど、女の子が男二人にレイプされるのを見たわ。覆面で顔を隠していたけれど、近所に住んでいたT兄弟だってわかった。昔は普通の農夫だったのに。レイプされた子は一二時間後に死んだ。母親は現場にはいなかったけれど、その子は七歳だったと言ってた」。

◆ボスニア在住クロアチア人―K・Dさん四六歳、既婚、プリェドル出身、弁護士。ザグレブで難民生活。

「兵士たちは私たちのうちの誰かと寝たいと思うと、部屋へ探しに来て、連れていく。彼らは武装していた。私が連れていかれたのは四回。私をレイプした男の名は、ゼリコ、ネデリコ、ムラド、それからクルカンと呼ばれていた男。このうちの二人はオマルスカ村の出で、ムラドはリュビヤ出身で警官だった。

私は棒やロープ、鉄棒、銃床で何度も殴られた。取り調べ中にではなくて、レイプ目的に夜、私を連れに来たときだ。死なずにあの場所から出られた私は幸運だった。そこにいた女性の全員が私と同じ目にあったわけではないけれど、みんな、一度や二度は警備兵に連れていかれた。女性たちの中には、レイプされていても、そのことを話したくない人もいたと思う。これから先もけっして話さない人はいるでしょう。なぜなら、イスラム系の女性にとって、すべてを告白するのはとても困難なことだから」。

◆S・Tさん既婚。

「毛布をかぶってドアのかげに隠れようとすると、部屋に入ってきた四人目の男が『隠れてもだめだ』と言って、また私をレイプした。手術したばかりだから、見逃してほしいと頼むと、その男は『それなら、検査をする』と私の脚を開いて体の中に手を入れた。そして、おとなしくしていないと切り裂くぞと言いながらナイフを入れた。三回、手を入れて、抜く度にその手を私に舐めさせた。私はこのまま死ぬのだと思った。最後に手を舐めた後、吐いた。男は、私の乳房を乱暴にひっぱって無理やり立ち上がらせた。ひどい出血だった」。

◆ボスニア在住イスラム系M・Cさん　二二歳学生、未婚、ヴォイチ（ボスニア西部、クルーチの町）出身、サモボル（クロアチア）で難民生活。

「男は私の服を破り、ストッキングを脱がせた。殴られはしなかった。そこで立ったままレイプされて、すぐに終わった。少し出血した。処女だったから。走って外へ出ると、まだ四、五人の男がいて、その前を通らなければならなかったけれど、今度は声をかけられないですんだ。バスで昼の三時ごろ家に帰った。あったことは誰にも話せなかった。だから、家族は何も知らない。それから二度生理がなくて、妊娠しているとわかった。でも、母に話す勇気はなかった。朝、痛みがあって、腹痛だと嘘をついていたのだけれど、サモボルの医者にザグレブへ移されて、「スヴェティデュ」病院の産科に入院させられた。それから、ずっと私はここにいる。一九九三年一月一七日に出産。子どもは引き取らない」。

◆ミルサダ、一七歳。

「私たちは毎晩毎晩レイプされた。兵隊たちは私たちをつれに来て、次の日の朝に帰す。ある晩なんか、二〇人以上もいた。奴らにいろんなことを無理やりやらされた。思い出すのもいやだ。奴らのために食事を作り、裸のままで、給仕させられた。目の前で何人もの女の子がレイプされて殺された。抵抗した子は乳房を切り落とされた。あちこちの村や町から来た女の人がいて、一〇〇〇人ぐらい、たぶんもっと多かったと思う。私はこのキャンプに四カ月以上いたけれど、言葉では言い表わせない悪夢のような毎日だった」。

◆アズラ、一五歳。

「いつも女の人たちがグループで外へ井戸水を汲みに行くのだけれど、難民キャンプに来てから三日目に、私に番が回ってきた。セルビア人の兵隊は年とった女の人を先にキャンプへ帰して、一番若い六人がそこに残された。そこへ別の女の子四人が加わって、どこかの家に連れていかれた。広い庭があって、三〇人ぐらいセルビア兵がやってきた。私たちのことを『可愛い子ちゃんたちトルコ人でなきゃよかったのにね』、なんてからかった。服を脱げと言われて、いやだと言った三人の女の子は、ナイフで着ている服を切られた。みんな裸のまま立っていた。グルグル歩けと言われて、一五分間歩き続け、その間、奴らは酒を飲んでいた。で、始まった。まず一人に襲いかかって、庭の石の上で。みんな、それを見てワーワー泣いた。私は三番目だった。さわらないで、と言うと、左側にいた男に背中を銃で二度殴られた。別の二人にも殴られて倒れたところでひどいことがはじまった。一人が私をレイプした。抵抗したら口を殴られて、気を失ってしまった。息を吹き返すとまたレイプされた。覚えてるだけで、八人にやられた。その後のことはわからない。処女だったから、ひどい出血だった。ひとりが、私におおいかぶさって、こめかみに銃をあてたまま、じっと私の目を見つめていた。別のひとりに私は両方の乳房にナイフの刃で深い傷をつけられた」。

◆エニサ、一六歳。

「兵隊の一人に私の村リズヴァノヴィッチにある一軒の家へついてこいと言われた。ついて行くしかなかった。言われたとおりに服を脱ぎながら、気が変になりそうで、体中に恐怖感が走るのがわかった。自分の全存在を抹殺されるようで、私は死ぬかと思った。目をつむって、からだをよじって、大声をあげて泣いた。処女だったから出血した。

『家族の運命はお前次第なんだから、気をつけた方がいいぜ』と言って、男は出ていった。そして入れかわりに別のセルビア兵が二人入ってきた。彼らがいつ部屋を出ていったのか知らない。どれだけの時間、血の海の中にひとりで倒れていたのかもわからない。死んでいたのか、生きていたのか、狂っていたのか、それとも正気だったのか、私はもうろうとした意識のまま倒れていた」。

(注1)「SOS－性差別」副会長
(注2) Le groupe Tresnjevka de Zagreb 1992.

（注3）*Libération* 一九九三年十一月十五日
（注4）ベオグラードの「SOSテレホン」より
（注5）*L'enfer yougoslave*, Médecins du Monde, Belfond, 1994.
（注6）Les Victimes abusées, Stasa Zajović (*Des femmes pour la paix*, Belgrade, 1994, Les femmes en noir, Stasa Zajović)
（注7）*L'Evénement du jeudi*, 一九九三年三月四〜一〇日号
（注8）Jean-François Josselin, Bertrand Poirot-Delpechの小説 *L'amour de l'Humanité*, 1994 について

（訳　伊吹弘子）

4　障害を持つ女性と少女への性暴力

アイハ・ザンプ

八〇年代初頭、フェミニストたちはタブー視されていた女性と少女に対する性暴力の問題を取りあげた。きっかけは、自己の身体の無条件の決定権、つまり、誰もが必然的および偶発的出来事に対して自分で決める権利をもつという認識であった。しかし、約一〇年後、もっと世間の目から閉ざされていたタブー、すなわち障害を持つ女性や少女に対する性の搾取が、数人の女性の障害者自身によって明らかにされた。

タブー中のタブーと言える女性障害者に対する性暴力は、彼女たちの性行動に対する社会の矛盾した態度から生まれる。一方で、性行動そのものを旧態依然として障害者に認めず、今日でも今だに制度的に努めて抑えようとしている。他方で、身体障害者あるいは精神障害者の性が、家庭や施設、また医療現場、整形外科医、通学途上、理学療法の場等で弄ばれている。その場合、性を搾取するのは、ごく稀には女性の場合があるが、大半は男性である。

性的搾取とは子どもや、ここでは特に身体か精神、あるいはその両方に障害を持つ人に対して、成人が行使する性的強要行為であると、世界的に定義されている。障害者を含めるのは、障害者は情緒の発達あるいは知的発達が不十分であったり、身体的依存があるため、性行為に自由な立場で、万事を心得て同意することができないからだ。成人や介助者は力の差を悪用し、説得ないしは力づくで相手の同意を取りつける。その過程では秘密の保持の義務が強制される。そのため被害者は沈黙を強いられ、搾取の防止と救済が行き届かなくなる（S・スグロワ一九八二年）。

レイプされた女性障害者と通常のレイプの犠牲者のイメージは重ならない。女性の障害者の性的権利は依然として認められず、性的搾取は残念ながら常に性犯罪とされ、暴行罪とならないからである。というのも、女性障害者は性を感じさせない中性的な存在であるとする社会的先入観があるため、レイプの被害者として認められないからである。したがって、女性障害者をレイプの被害者の統計に一切加えないのも驚くことではないのである。とはいえ、数に加算されないのは、被害状況がまったく知られていないということではない。すでに、女性の精神障害者の不妊手術の義務化に関する議論に関連して、思わぬところで実態が明らかになった例がある。障害者の不妊手術は、ドイツ、オーストリア、スエーデン、スイス、イギリス、アメリカでは確実に実施されているが、恐らくはその他の国でも事情は同じであろうし、近年その数は増大している。強制不妊手術を正当化するために、女性の精神障害者を性的に搾取することが多いという事実が引き合いに出されることは珍しいことではなかったのである。

健常者の被害の統計では(注1)、少女の三人に一人、少年の七人に一人が性的搾取を経験している。ここ数年間、障害者の自己防衛をテーマに調査している専門家と被害者は、障害のある被害者の方がはるかに多いとみている。オーストリアの女性の権利省は、一九九二年一一月一一日ウイーンで、障害を持つ女性と少女に対する性暴力をテーマにシンポジウムを開催した。一六〇名の女性が米国、イギリス、オランダ、フィンランド、スエーデン、ドイツ、オーストリア、スイスから参加した。出席した女性の障害者の九〇％以上が被害者で、その実態を理解していた。現在のところ、この問題に関する実態調査は世界的規模ではまったくなされていない。しかし米国での調査はある。

シャンベルランらによる一九八四年のシンシナティー青少年クリニックの調査では、知能指数の低い少女と若い女性六九名のうち、二五％がレイプあるいはレイプ未遂を経験しており、加害者は、父親、義父、養父が三分の一、その他の家族が三分の一、教師あるいは学校関係者が三分の一である。被害者の平均年齢は一四歳である。

「シアトルレイプ救援」の一九七七－八三年の調査では、性的搾取の被害を受けた七〇〇事例のうち加害者の九九％は親戚あるいは介護者によるもので、最初の被害は二－五歳の間に発生し、その後五－一五年間継続している。

一九八七年カリフォルニアにおけるカワーディンの調査（告発によりレイプと認められたケース）では、知的障害者が報告した性的虐待数は全国平均の四倍にのぼる。

一九八九年に障害者作業所で行われたハードの調査では、入居者六五名のうち女性の八三％、男性の三二％が搾取された体験を証言している。性的被害を受けた年齢が一八歳以下だったのは四五％。九九％が顔見知りの人間によるものであった。

障害者は依存度が大きかったり、介護を必要としたり、発話が困難であるなどの理由から性的搾取の被害を健常者に比べて受けやすく、しかも場所を選ばない。

一般的に障害者は一目で否定的評価を下されることが多く、彼らはたえずどこが欠陥なのか、何ができないかを調べられる。このことで、少年少女の障害者はごく初期から自分の身体に対して否定的な見方をするようになる。また、障害者の大半が他の子どもよりも医者や病院に頻繁に行かなければならないという事実がさらに追いうちをかける。度重なる特殊治療や療法、手術等で彼らは「自分はどこか普通ではない」という感情を抱く。

障害を持つ少女にはプライバシーがないどころか、彼女たちは心が傷つくような処置や扱いを日常的に経験している。そのため、医者や介護者、治療士など「誰もが自分の体に触る権利をもっている」という感情を抱いて成長する。性器に触れられることも頻繁にあるが、その時でもまるでそれが生殖器官ではないような扱いをされる。言ってみれば、障害者は男でも女でもない存在なのだ。医師や学生の大勢いる前で裸で曝される恐ろしい状況を誰もが体験させられる。他人にはこうした扱いは些細なことかもしれないが、彼女たちに計りしれない悪影響を及ぼす。したがって、障害を持つ多くの少女が、自分の体に嫌悪感や否定的感情を抱くようになり、その結果、レイプはほとんどの場合、医療行為の延長としての意味しかもたなくなる。

障害者が常に男でも女でもないと思われている事実は、性そのものにハンディーを負わせ、性行動を全面的に禁じ、外側から規定される性にする。したがって、障害を持つ女性が往々にして同情や優しさや彼女たちに不足する愛情を、いわゆる搾取を許すことで得ようとするのも理解できる。規定や政令の類の制度的制約のいくつか、たとえば女性の精神障害者は自分がベッドを共にしたいとき自分自身で決定する「権利」を持つかなどの問題は、つまるところ性的搾取の構造的下地になっている。制度的制約という方法の中にすでに構造的暴力を認めることができることを、われわれは常に問うてみる必要がある。

厳密にいえば、障害のある女性を中性的女性と見なすことは、彼女たちが性的搾取の被害に言及したり、訴えるときですらなかなか信じてもらえないことにつながる。そのうえ、女性の精神障害者には意志の疎通に関しても、より大きな壁が立ちはだかる。知的欠陥を理由に、いっそう信じてもらえない。

女性の障害者に対する性暴力と健常者に対する性暴力との結果に差はないとはいえ、多くの場合、前者により深刻な影響をもたらす。というのも女性の障害者には逃げ道がないからである。たとえば、施設内で介護者から被害を受けても女性の身体障害者は、介護士が施設からただちに解雇されない限りどうすることもできない。嘆かわしいことながらこれは事実であり、私はいくつかの実例を知っている。施設の評判の良さを入居者の快適さよりも優先させていることが非常に多いというのは深刻な現実である。身体障害者にとって施設はむしろ最後の頼み所になるのがふつうであり、障害のある女性には施設にとどまる以外の可能性はほとんどないのである。女性向宿泊センターにはごくまれにしか車椅子の受入れ体制がないし、暴力をふるう男性の収容施設もまだないのでなおさらのことである。

心的外傷として残るような性的側面の強調は、性行為が負の情動の記憶と結びつくような条件づけを招く。愛情と性行動に混同が生じ、親密さや性的高揚を嫌悪するようになる。あるいはまったく逆に、知的障害の女性がためらいもなく身をまかせたり、売春すれすれのことをするようになる。

障害を持つ女性の場合、性的搾取による傷の深さは倍加する。それは、被害者が沈黙を余儀なくされ、また一般に加害者は被害者に「そうするのが好きなんだ」、「そうして欲しかったのだ」と搾取の事実の責任を転嫁するので、屈辱と罪悪感が加わるからである。したがって、障害者は彼らが密室に置かれた状況になるために、しばしば最初から諦めの感情を抱き、自分自身の過小評価が強まる。こうしたことが原因となって、おうおうにして麻薬依存症になったり、自殺にまで追いつめられる自己破壊の方向へと向かう。

性的搾取の被害者は信頼を裏切られたり、彼らの身体的な依存と弱さにつけこまれ弄ばれてきた。被害者は保護と必要な援助を得るどころか、(とにかく、保護と支援に絶えず頼らなくてはならないということは容易ではない) 搾取されて傷ついている。そのため、不信と怒りと敵意が生まれるばかりか、大きな苦しみと絶望も生まれる。したがって、生贄と殉教者の役割が強まり、障害者の場合は両方の虜になることが多い。

障害を持つ女性が自己の意志に反して自己の身体の領域を侵害される時、他者の意のままにされているという、もとから感じていた思いはより強烈になる。暴力を止められない無力さと無能さを何度も経験すると、自分は人間として無能で、襲いかかってくる出来事に無力であるという感情を抱く。障害者が疎外された人々の中でも最も従順で最も適応しやすいのは、偶然のことではない。無力で他者の意のままにされるという感情は、不安と恐怖からくる発作を引き起こす。あるいは強迫神経症的行動や恐怖症が現れる。

障害者であれ健常者であれ、身体障害者であれ精神障害者であれ、被害者は誰もが以上のような後遺症に苦しむはずである。知的障害を持つ人間はその記憶が長期間残ることはないし、すぐに忘れてしまうので性暴力はさほど重要ではないと思い込むことは、恐るべき現実を大したことではないかのように見せる虚構なのだ。性暴力はいかなる場合でも無垢な魂をずたずたにする。

暴行を受けた障害者に対する回復治療は困難をともなうにしても可能である。だが車椅子で受診できる精神療法のクリニックはどこかにあるだろうか。性的搾取が提起する問題にまず関心を抱き、障害者の立場で治療をしてくれる臨床医はどこかにいるだろうか。今もって、精神障害女性の治療法の訓練を多少なりとも受けた心療医はまったく見当たらない。養成訓練は自己のイメージの問題に集中して行われるべきである。「目の前の患者の難問に敬意をもって対処しようとしている私は、十分に心を開いているだろうか」という問いを患者一人一人について自問することである。障害者のために働く専門家たちは分野をとわず、特に次のことを自問してもらいたい。「私の仕事の対象になっている人間に対して、私はどのようなイメージをもっているのだろうか」。具体的には、「私にとって精神障害者は、私が教育し続けなくてはならない大きな子どもなのだろうか」と自問して欲しい。あるいは「欲求と自主的決定と実際の性生活に対する権利を持ったこの人間は私にとって男性なのか女性なのか」と問うてみることである。精神障害者は他者と生きていける人間である。知能が劣るためにある程度付添いと補助を必要するという原則に立てば、性的被害を受けた精神障害の少年や少女また成人の男性や女性の治療法は、明らかに障害のない人間に対する治療法の原則と変わらないはずである。こうした治療では、性暴力特有の心の傷を理解し、性暴力の困難な問題に積極的に取組むだけでなく、障害の問題と障害にともなう苦痛の投射について問題意識をもつことが望まれ、またこのような場合には力関係の開きが極端になることも知る必要がある。具体的には、精神障害女性の治療では、彼女たちに理解させるだけでなく、「ノー」と言えるように、何度も多くのことを繰り返さなくてはならない。それは、精神障害女性の治療は常に予防の意味もあるからである。予防の作業は障害のある人間にとってきわめて重要であり、あらゆる教育の場でなされなければならないのは明らかである。

（注1）参照――一九八三年サンフランシスコでのダイアナ・ラッセルの調査。一九八八年のオランダのF・ドライジャーの調査

（訳　菅原恵美子）

5 伝統主義カトリック教と女性

フィアメッタ・ヴェネール

「男のかしらはキリストであり、女のかしらは男である（中略）。男が女からできたのではなく、女が男からできたのである。男は女のために造られたのではなく、女が男のために造られたのである（注1）」。ともあれ、サン＝ニコラ・デュ・シャルドネ会報の編集者にとって事は単純明快である、とだけは言えよう。というのも、女性は男性に従属し、支配されるために存在し、「宗教的身分の崇高さに近づく高貴な役割、すなわち、人間を孕むという天から与えられた使命（注2）」に身を捧げるために存在する、と彼らは考えるからである。

伝統主義カトリック教には立場の異なる二つのグループがある。ルフェーヴル猊下を支持するグループと、熱心なカトリック教徒の急進派グループである。前者は第二ヴァチカン公会議（一九六二―六五年）に対し、長年反対の立場をとり続け、ヨハネ・パウロ二世から破門された（注3）。後者はキリスト教徒がイスラム教徒や共産主義者と対立する時はとくに、財政面と人道面でキリスト教徒を支援してきた。一九八二年のレバノンでの極右キリスト教民兵組織「ファランジスト党」の結成と武装活動、エルサルバドルやニカラグワでのゲリラ民主主義戦線との抗争、クロアチアでのボスニア軍やセルビア軍との抗争、ポーランドや東南アジアでの活動などを支援した（注4）。しかしながら、ルフェーブル猊下がローマ教皇と断絶しても猊下に追随した教徒と、教会を内部から変革しようと教会の枠内にとどまった教徒はいずれにしても、全員が女性や家族、出産と生殖、中絶の問題に関して同じ考えと価値観を共有している。多数の進歩的キリスト教徒が背を向けていく一方で、こうした価値観が教皇により助長されていることは特記に値する。(注5) ヨハネ・パウロ二世は女性に関する問題について側近の助言をとり入れて、伝統主義的言説を展開した。(注6) その一例に中絶問題をとりあげてみよう。教会の教義と科学的な正しさの合致を願った教皇は、中絶に対してとるべき態度を司教たちに指導するにあたり、ジェローム・ルジュンヌの力を借りた。(注7) 彼は教皇学士院の遺伝学の教授を務め、後に「家族に関する教皇評議会」員になった。ルジュンヌは、中絶権反対運動の母体になった最初の組織で、一九七一年に発足した「レッセ・レ・ヴィーヴル〔あるがままに生かす〕」(注8) の設立メンバーであり、「オプス・デイ〔神の御業〕」の知的砦であるパンプローナ〔スペイン北部ナバラ県〕大学の名誉博士でもあった。また、一九九一年四月に教皇が招集した「生命に関する識者会議」にも出席し、きわめて伝統主義的な「トレーヴ・ド・デュー〔神の休戦〕」〔仏の中絶反対運動団体〕に近い立場のベルナール・ケルデルエを「生命に対する回勅」の草案者として教皇に推薦している。一九九四年三月一日ヨハネ・パウロ二世は「生命に関する教皇学士院」を設立し、ジェローム・ルジュンヌに会長就任の要請をしている。

伝統主義者たちは社会的影響力を持つ人々であるだけでなく、性差に意味付けをする考え方の持ち主でもある。

性差に対する見解(注9)

伝統主義者によれば、男性と女性は両者の差異を造ったいくつかの自然の法則に従っている。そしてこの差異を認めることで、一方は権利を、他方には義務と、はっきり決まった態勢が正当化される。こうした階層の概念から、女性は子を産み、自分たちの価値観を子孫に伝える事により、キリスト教の存続を確かなものにしなければならない。

性的差異が意味することは、女性と同定された個は、生物学的に女性に与えられた特性に従属し、家庭で子どもを産み育てなくてはならないということである。キリスト教徒の母親には[注10]「子育てが聖職となる」。したがって生物学上強制される義務の一つとして、生殖を目的として夫と性的関係を持つことが女性に課せられてくる。[注11]

さらに、第二の「自然の法則」により社会的ヒエラルキーに類似した性の階層化が行われる。家庭内の権威は父親と夫に所属し、家族は彼に服従し尊敬しなくてはならない。それは、市民は所属するグループの「長」に献身する義務があるのと全く同じである。社会の成熟は家庭の質で左右される。したがって家族団体はこの見解にもとづいて、国家に家族の地位の強化を要求する。たとえば、ペルマナンス誌は家族擁護を基本に据え「フランスの崩壊を望まないならば、政治課題の中心は家族問題であると認識しなくてはならない」[注12]とし、家族の弱体化と「世相の頽廃」「無秩序」「少子化」は実のところ相互に関連していると主張する。

ところで、女性にはもう一つの義務、次世代を教育し、彼らに社会のモデルとして家族の融和が優先されることを納得させ、こうした価値観を植えつけ、伝えていく義務も課せられる。家庭は密室であり、理想とされる社会の縮図である。そこではすべてが階層化され、管理され、指導される。家庭は異質なものから身を守る神聖な要塞の役を担う。「あなた方の家族を小さな砦にしなさい――さらには世俗の精神と悪意を打ち砕く、祈りと慈善の家にするのです。一方、偽りの約束に絶望した不幸な人たちはあなた方の屋根の下で、生きることの真の意味を高まる感動の中で見い出すでしょう」[注13]。母親は聖職者やカトリックの学校の指導の下に、娘には質素と献身を教え、息子には男の徳を尊ぶことと義務感をうえつけなくてはならない。しかし、カトリック校は家庭を補完する役割のものであっても、絶対に家庭の代わりとなるべきではない。

子育てが終わった母親たちは、多くの家族団体や「ヨーロッパの女性全国組織」（国民戦線党の女性グループ）が提案しているように、教育、社会政策、健康、社会道徳の分野で活動して「家族」の団結に引き続き貢献することができる。

行動する女性たちの闘い

伝統主義カトリック教徒の女性は「生物学的、社会的宿命」から、出産と家族という私的領域での献身の義務があるとしても、家族の危機的状況や女性の生物学的アイデンティティーが問題となれば、行動を起こさずにはいられなくなる。そうした女性は、慈善団体や教育に関する伝統主義者の組織に身を投じ、ポルノグラフィーや中絶に対する反対運動で闘うようになる。

ポルノグラフィー反対運動

「人種差別に反対し、フランスのアイデンティティーを尊重する全国連合」（AGRIF）はベルナール・アントニーが設立した。この組織の目的は「フランス人に対する人種差別」の犯罪人を裁判で訴えることを可能にすることと、「若者の堕落を招く麻薬、風俗の紊乱、中絶、ポルノグラフィーと全面的に闘う」ことである。(注14) 数多くの著作があり、多くのプロジェクトにも加わるベルナール・アントニーは多忙な人間である。そのため、AGRIFの運営を任せられる、しかも自分の陰が薄くならない人物、すなわち女性が必要とされた。エレーヌ・サバチエは最高の適任者であった。かつてOAS－メトロ〔アルジェリア独立に反対した仏本国の秘密軍事組織〕の極右の闘士だった彼女は育児に専念するために法律学を断念した。しかし、「子育てが終了」してからは、再び昔の同志と活動するようになった。[注15] やがてAGRIFの事務局長となり、運営を一手に任された。法律家として問題のありかを詳らかにし、会員に通知し、請願書を作り、弁護士を捜し出し、訴訟に立会い、抗議のキャンペーンを大々的に組織する。彼女の代表的な活動としては、スコシージ監督の『キリストの最後の誘惑』に対する一九八八年九月の裁判訴訟と、一九九〇年一〇月に、ブノワット・グルーに対し、彼女の著書『最後の植民地』をプラデの町〔南仏ヴァール県〕の中学三年のクラスで紹介し、講演することを阻止したことなどが挙げられる。

避妊と中絶の権利に対する反対運動[注16]

伝統主義カトリック教徒がとる立場のなかで最も知られているのは、避妊と中絶の権利に反対する姿勢であろう。というのは、彼らの抗議行動がメディアでとりあげられ、勢いづいたからである。生命は精子と卵子が出会う受胎に始まると彼らは考える。しかし、もしコンドームや医薬品による避妊という「障壁」で結合が妨げられるとしたら、性行為の意図は、本来の使命に背き「逸脱する」。同様に、同性愛や生殖を目的としない異性愛も同じく「逸脱する」。というのは、両者とも受胎なしの性的関係を想定した行為とされるからである。伝統主義者は、帝王切開も難産の場合の鎮静剤の使用も禁止する。「なぜなら苦しみながら産むのはキリスト教徒の女性の義務だからである」。[注17] 彼らは自分たちの見解の正当性を聖書で立証しようとして、きわめて根拠の薄弱な証拠を持ち出す。たとえば、医師のJ・P・ディッケスは中絶反対の理由を次のように説く。

「御使いがそこにいる。御使いはマリヤに神の子の母になると告げる。〔中略〕この処女の驚き。そして、いわば、マリヤのよき信仰の証しとして、天使はマリヤに、不妊症と思われていた従姉妹のエリザベツが妊娠六カ月であると告げる。驚いたマリヤは、エレサレムの近くの小さな村にいる従姉妹に会いに出かける。この村は二千年来変わらない。村に着くと、従姉妹を呼ぶ。『エリザベツがマリヤのあいさつを聞いた時、その子が胎内でおどった』とルカの福音書にある。エリザベツはマリヤに自分自身の中に覚えたばかりの感動を告白する。子どもが胎内で喜びおどっている。マリヤは驚喜する（中略）。これはどういうことなのだろうか。胎児の洗者ヨハネは母親の胎内から、マリヤの胎内で受肉したばかりの世界の救済者にあいさつをしたのだ。一方、ナザレからエレサレムまでは歩いて二週間ばかりの距離である。このことは、神の子は子宮内で人命を得て二週間経っていたことを示す。母親の胎内でおどりながら予言者ヨハネが挨拶をしたのは、ごく小さな二週間目の胚にだった。福音書ははっきりと、二週目の胚は人間であり同時に神であることをわれわれに教えている。したがって、中絶に反対するキリスト教徒の確信は、福音書そのものにすでに明確に示されているのである[注18]」。

　大半の中絶権に対する反対運動は以上のような伝統主義カトリックの確信に基づいて行われている。もっとも、白人のフランス女性にはＩＶＧ〔人工妊娠中絶〕を禁じ、外国出身の女性には中絶を義務づけるという人種差別の考えと連動することが多い。現実には、男性も女性も自らを「救済者」と呼んで悦に入り、各地のＩＶＧセンター〔病院内の中絶施設〕を襲撃するような過激な行動に出た。こうした類の行為は八六年〔社会党政権から保革共存に移った年〕以来九六件に上っている。彼らは診察室に侵入し、中絶する女性を罵倒し、暴力を加え、医療器具を汚し、自分たちを診察台に鎖で縛りつけて南京錠をかけ、その鍵を隠した。このようなゲリラ的行動の推進者は「トレーヴ・ド・デュー〔神の休戦〕」の設立者で八人の子の母親のクレール・フォンタナである。ボルドー市の公共物破損とトゥール市の中絶妨害で告訴された彼女は多くの人にとって伝統主義の闘士のモデルとなっている。

　自然の法則により定められた生物学的能力にたった男女の役割分担という見解に従い、伝統主義カトリックは女性に母親と「神のしもべ」の立場でしか発言の可能性を与えていない。それも、社会における伝統主義カトリックの家族観を堅固にするための発言のみである。カトリック教会に対する伝統主義者の影響が危惧される一方、近年ではガイヨ猊下が連帯を表明したように、ローマ教皇には盲目的に従わないという進歩的カトリックも存在する。それに対し、伝統主義者が、ネットワークや家族団体を組織した時に、女性や〔教育における〕宗教的中立性に対して持ちうる危険性を無視することはできない。彼らは注目に値する効果をあげているからだ。

(注1) Philippe Laguérieの聖パウロの「コリント人への手紙」の引用、*Le Chardounet* 一九九〇年一月号

(注2) Dom Gérard, Lettres aux jeunes mamans, *Itinéraires*, 1988

(注3) サン=ニコラ・デュ・シャルドネ、アルベール・ル・グラン・グループ（雑誌*Quark*を出版し、キリスト教の視点から読みなおす「フランスの歴史」についての講演会を主催する学生のグループ）

(注4) 「キリスト教連盟」、「キリスト教連帯」、「人種差別に反対しフランスとキリスト教のアイデンティティーを尊重する全国連盟」（AGRIF）

(注5) これについては、ガイヨ猊下の中絶に対する立場に注目すると同時に雑誌*Golias*の批判も挙げておこう。同誌一九九一年秋号に掲載されたGuide sur l'intégrisme catholiqueは参考資料になる。

(注6) Constance Colonna Cesari, *Urbi et Orbi, Enquête sur la géopolitique vaticane, La Découverte*, 1992. 教皇の家族に対する主だった発言については、*Jean Paul II parle de la famille, Travail, développement, économie*, Le Livre de Poche, 1995. フィリップ・ロランの序文による同書にはLettre aux familles, La communauté familialeとCharte des droits de la familleが収録されている。

(注7) ジェローム・ルジュンヌの発言は伝統主義カトリックの様々な定期刊行物で再三取り上げられている。教皇と司教会議のメンバーの前で、一九八七年一〇月八日に表明された演説は一例。ジェローム・ルジュンヌは「科学だけでは世界は救えない」と語っている。

Chaiers Saint-Raphaël, 3e trimestre 1989

（注8）「あるがままに生かす」は存続しているが、襲撃活動はしていない。現在はトランブレ博士が主宰。博士は「国民戦線」と近い関係「ヨーロッパの女性全国組織」（CNFE）の名誉会員。

（注9）この項はクローディー・レスリエの著作に負うところが大きい。Claudie Lesselier《Dieu, Famille, Patrie. Les intégristes cathoriques et les femmes》*Chaiers d'article* 31, *n*°1, 1er trim.1990. 《De la Vierge Marie à Jeanne d'Arc. Images de femmes à l'extrême droite》*L'Homme et la socièté*, *n*°s99-100, 1991-1-2.

（注10）Dom Gérard《Lettres aux jeunes mamans》*Itinéraires*, février1988

（注11）男と女という「異種」グループ間の混交において女性に課せられる生殖の義務は、白人と黒人、ユダヤ教徒とキリスト教徒、雇用主と労働者のような、他の「異種」グループ間での混血に対して脅迫観念を抱いている人々にとっては、頭の痛い問題であると、コレット・キャピタンとコレット・ギヨマンは指摘している。Capitain Colette et Guillaumin Colette(1992)《L'Ordre et le sexe. Discours de gauche, discours de droite》*Futur Antérieur n*°9.

（注12）*Permanences*, 一九八七年八月号

（注13）Dom Gérard《Lettres aux jeunes mamans》*Itinéraires*, 一九八八年二月号

（注14）AGRIF（注4参照）の紹介パンフレット

（注15）エレーヌ・サバチエとのインタビュー

（注16）Erdenet Gaëlle(著作名F. Venner)RU486, le chiffre de la bête. Le mouvement contre le droit à l'avortement en France/*Nouvelles Questions Féministes*, pp29-43, vol.16, *n*°3, 1992.

（注17）レーマン猊下の一九八九年一〇月の司教会議での発言。*Le Monde*15/10/1989

（注18）Dr. Jean-Pierre-Dickès, 《RU486》*Cahiers Saint-Raphaël*, *n*°26, 1991

（訳　菅原恵美子）

6 彼女は妊娠している！(注1)

シルヴィー・ノロ

一〇年ほど前のこと、スペインのある村で「カンパニージャス」(小さい鐘)と呼ばれる古い風習が突然過去からよみがえった。それは、節をつけて叫びながら、小さい鐘をジャラジャラならし、「身持ちが悪い」と疑いをかけられた女たちを追いかけまわし、はいている下着を脱がせてしまうという「デモ行進」のようなものだった。フランコ政権下ではこの風習は禁止されていたが、八〇年代初め頃にふたたび復活した。このデモ行進は、時にはきわめて暴力的になり、過去には、これが原因で気が狂った女性も数多く、自殺した者さえいた。

このような風習が昔あったことを知っていたとしても、自分がその風習の犠牲になるなど、一体、現代の若い娘に想像することができるだろうか。結婚して半年で夫を亡くしたアンパーロは伝統に従って三年間の喪に服した。その後、運転免許を取得して車を買った。噂がたち始めたのはその頃である。彼女は働きに行っていた隣村でホセと知り合った。自分が「カンパニージャス」の標的になりそうだと知った彼女は、村長と知事に訴えて、その危険を避けようとした。しかし、ほどなくして、彼女が妊娠していることが知れてしまった。ある日のこと、ホセと母親と一緒にアイスクリームを買おうとしていた彼女の耳に鐘の音が聞こえた。急いで車に戻ろうとしたが、行く手を阻まれてしまった。「彼らはすでにカフェの出口をふさいでいました。三〇人か四〇人はいました。私たちを取り囲んで、身体に触ったり、鐘を鳴らして歌い、大声で侮辱的な言葉をくりかえし叫ぶのです」。

アンパーロは市に嘆願書を提出して、司法の関心をひこうと決心した。しかし両親は手続きをする娘に付き添わなかった。当時彼女は二四歳。現在三二歳。マドリッドに住む彼女は補償を要求し、七〇万ペセタの損害賠償を請求している。そして自分の戦いが「カンパニージャス」の禁止につながることを願っている。「女ひとりでも無知と蛮行と悪習を打ち破ることができることを示したい。たとえそのために村全体を敵にまわすことになったとしても。私は過去の侮辱にけりをつけ、傷ついた全ての女性たちに代わって戦うためにここにいるのです。やりとげるまではこの町を去らないつもりです」。

（訳　伊吹弘子）

（注1）一九九三年五月ペルーの雑誌に掲載された記事の抜粋

7　一夫多妻制とフランスの法律

フランソワーズ・ドーボンヌ

フランス司法省は国内の外国人に対し厳密にフランスの法律を適用せず、出身国の法律を適用するという二重の法制度から抜け出せずに混乱を招き、女性に犠牲を強いるという思いもよらない結果を招いている。たとえば、性器切除の慣習は文化上のとるに足らない習慣だと野放しにされ、ごくまれにしか刑罰の対象にならない。対象になるのは性器切除で少女が死亡したとか、フェミニストグループがたまたまその中の一件を特に強く抗議して有罪の判決を手に入れたときに限られる。

ところで、一夫多妻家庭のフランスへの「家族呼び寄せ」にも難しい問題がある。経済危機にみまわれて移民労働者の流入が問題視されるときにだけ、その是非が論議されるが、一夫多妻制そのものの禁止や女性の自由と尊厳への配慮という観点ではけっして取り上げられない。

アフリカの風習である一夫多妻制は、法律で禁止されているコートジボワール〔アフリカ西部の共和国〕以外のブラックアフリカ全土と中東諸国に広がる制度である。フランスの法律に照らして完全に違法であるこの制度がフランス国内にどれぐらい入り込んでいるのか、それを示す統計がある。

「エルブフ〔セーヌ川沿いの町〕在住の一二〇家族中五四家族、ル・アーブル〔セーヌ川河口の都市〕では一〇〇家族、エヴリー〔パリの南郊の新興都市〕では三分の二の家族が一夫多妻と推定される。パリ一九区フェット広場の裏手にある建物を不法占拠している四九家族中四〇家族が一夫多妻である。「都市生活協会」は非公開の資料で一夫多妻世帯数は一五〇〇から一万世帯と幅をもたせて報告している」（注1）。

「異文化交流女性団体」の会長マディナ・ディアロは女性たちの識字学級と子どもの学習支援を行っているので、移民女性の家庭を訪問する機会が多い。たしかに一夫多妻家庭は増加していると言う。ブラックアフリカに限らず中東からの移民労働者が一夫多妻ではないかと疑われるとき、地方自治体は住民人口が一挙に増えるのを恐れて彼らの受け入れをためらったり、拒否する場合が多い。たとえばサン＝ドニ市の場合、子ども六人のマリ人の一家に市が一戸建ての住宅を提供したところ、あっという間にその家に三〇人以上が住みついてしまうという恐ろしい事態になった。多数の妻がおしかけたというわけではなく、妻たちの親戚や、その子どもたちが寄り集まったからだ。

ル・ポワン誌の記者クリスチャン・ジュランに、同時に複数の妻を愛するのは可能かと問われたあるマリ人男性は意外な質問だと言わんばかりに答えている。「結婚は冗談でするものじゃないんだから、愛だ恋だは関係ないだろう」。カメルーン人の女性作家は、いかに妻の数が階級を示す肩章の数と同一視されているかということを「俺もやっと二つ目を手に入れたぜ、兄弟！」という言い方で表現している。

女性を所有したいという男の虚栄心はたしかに世界中どこも同じなのだ。

一夫多妻の家庭では、家族手当が収入の四〇〜五〇％を占める。「原則的には、夫は子どもの数に応じて手当をそれぞれの母親に分配しなければならない。しかし現実は、妻たちに渡されないか、渡されたとしてもごくわずかである」（注2）。妻の大半は読み書きができず、夫に完全に支配されている。そのうえ、実家の親兄弟からは遠く離れたフランスで暮らしているのだ。そもそも、こんな妻たちが一夫多妻の夫にこの国の法律を守らせることなどできるだろうか？

フランスに正規滞在する移民労働者に「正常な家庭生活を送る」権利を認めた一九七八年一二月八

日のジスティ判例にもとづいて、いわゆる「モンチョ事件」（一九八〇年）にも判決がおりた。二人目の妻の呼び寄せを合法と認められたベナン（アフリカ旧ダホメ）出身のモンチョ氏は多くの同性の羨望の的となった。最高行政裁判所の判決を知った大使館勤務のアフリカ人男性たちは、自分たちも一夫多妻を合法と認めてもらおうとばかりに弁護士の元へ殺到した。その際、ロッシノッテ弁護士は「裁判所は家族呼び寄せについてきわめて寛大な解釈をしたと言わねばならない。今後はフランスでの一夫多妻が妻や子どもにとっては牢獄に等しいという現実を判事に理解してもらわなければならない」と表明した。

夫婦それぞれに労働権と財産権を認める二二三条は、一夫多妻の妻たちにとっては両刃の剣である。これは解放の手助けともなりうるが、しかし妻の一人がクリスチャン・ジュランに語ったように「私が働けば、もう一人の妻の妊娠や病気は社会保障で支払われる。夫はそれを貯金して新しい妻を買うこともできる！」のだ。別の女性は、アンティル諸島（西インド諸島）の例のように、家族手当が妻に支給されるのを夢みている。「そうすれば、夫が新しい妻を買うために給付金を使うなんてことがなくなるだろう！」。

マディナ・ディアロは「断固として一夫多妻の夫たちが取得したフランス国籍を剝奪するべきだ」と強く訴える。

一九九〇年、イル＝ド＝フランス地方の各県は二人目の妻をフランスへ呼び寄せる許可申請を却下した。そのためそれ以後、一夫多妻の夫たちは、偽造パスポートを使ったり、娘と偽って妻を呼び寄せるなどさまざまな手を使った。しかし時には、少女たちが妊娠しているのが知れて偽装工作がばれることもあった。

なぜフランスは、国内で自国の法律や、宗教的であれ非宗教的であれ自国の慣習とは全く相容れない、しかも些細な諸々の点でしばしば非難、混乱、侮辱の対象となっている類のことに、これほど寛容なのだろうか？　理由は何なのだろうか？　性器切除の慣習を正当化するために、あえて振りかざすかの有名な「異文化」の尊重という切札には、人口問題という間接的理由が垣間見られる。フランスでは女性解放につれて出生率が低下したので、未来の複合文化国家をめざすこの国は、人口の減少を外国人移民で穴埋めしようと考えているのだ。現在、学齢期にある移民の子どもたちは来るべき二一世紀のフランス人になるだろう。しかしながら、家庭が一夫多妻であることが彼らのフランス社会への同化を非常に困難にしている。「一夫多妻でどの子もみんな傷ついていると思う」と八歳の時に父親が二人目の妻を迎えたために、心に深い傷を受けたことを、ある少年がクリスチャン・ジュランに打ち明けている。

いずれにせよ、将来の人口問題についての不明瞭で漠然とした展望とは別に、少なからずフランス男性に一夫多妻制を秘かに羨ましいと思わせ、一夫一婦制の代償として不倫が常にあったように、伝統的なラテン的男性優位思想が特にフランスの法体系には反映されているのである。

証言

アウア「フランスは一夫多妻制を禁止するべきです。妻たちにとっては耐えがたいことなのですから」(注3)

問　離婚前まで、あなたのご主人には何人の妻がいましたか？

答　一八年間は私一人でした。一九八六年に私の知らない間にマリで別の女性と結婚したのです。

問　その時、どんなふうに思いましたか？

答　ショックでした。とても嫌でした。二人目の妻を家に入れないようにがんばったのですが（家の半分は私のものですから）、でも夫は私に彼女のことを無理に認めさせました。

問　でも、あなたがたの国の文化では、一夫多妻は認められていますね……

答　はい。男は四人まで妻をもてます。一夫多妻は社会的に認められています。妻たちは同じ敷地内に住みますが、それぞれに自分専用のスペースがあります。でも、ここフランスではまったく事情がちがいます。一夫多妻は社会的に悪く見られていて、そのうえ、全員が一つ屋根の下で暮らします。同じ部屋に出入りし、トイレも共用です。とても暮せる状態ではありません。それに一番ひどい影響をうけるのは妻たちです。

問　家事の分担は？

答　夫と寝るほうがすべての家事をします。

問　どちらと寝るのか夫はどんな方法で妻に知らせるのですか？

答　今日この妻とだったら、次の日はもう一方というように順番です。

問　ご主人がもう一人の妻と寝るときは、あなたはどんな気持でしたか？

答　その度に、生き地獄でした。

問　離婚はどのように？

答　とても大変でした。自分の信仰する宗教の戒律を守るために、法律的な離婚の前にイスラムの風習にしたがった離婚をしたかったのですが、その場合、離婚手続きができるのは夫だけなのです。彼は絶対にいやだと言ってましたから、承知させるのに苦労しました。

問　一夫多妻はフランス社会への同化の妨げになっていると思いますか？

答、もちろんです。ヴァンセンヌのマリ人たちの例を見てください。たしかにパリには住宅問題はあります。しかし一夫多妻がらみのことが多いのです。ホームレスは別として、ワンルームに一八人もが暮らしているのは一夫多妻の場合がほとんどですから。
問　一夫多妻はなくなると思いますか？
答　いいえ。仕事があって、なんとか離婚にこぎつける妻がいるとしても、彼女たちは家計の一部を支えていて、それに、夫一人では一八人もの家族を扶養することはできませんからね。夫は妻の給料と家族手当の給付金を受け取っています。それはイスラムの掟では絶対に許されないことなのです。フランスは一夫多妻を禁止すべきです。妻たちにとっては耐えがたいことなのですから。

ヤミンタ　**「一夫多妻はまったく普通のことです。私たちの国の文化ですから。」**(注4)

問　あなたのご主人には何人の妻がいますか？
答　二人。私は二番目です。
問　あなたは結婚前に、彼にはすでに奥さんがいることを知っていましたか？
答　はい。奥さんと子どもと一緒に何度か家に来たことがあります。ある日、彼からプロポーズされて、それで、結婚することにしたのです。
問　フランスで一夫多妻の夫と暮らすのは大変ではありませんか？
答　いいえ、私たちの国では一夫多妻は普通のことです。私たちの文化ですから。
問　嫉妬の問題はありませんか？
答　あります。夫が妻の一方をひいきするときです。私たちの夫はその点は公平です。でも、もう一人の妻の方はこの状況を受け入れませんでした。私は彼女の気持がわかります。もし私が彼女の立場だったら、つまり第一夫人だったら、同じような態度をとるでしょう。
問　あなたは嫉妬しませんか？

答　いいえ。彼に奥さんがいること、夫を共有しなくてはいけないことが、わかっていましたから。
問　どちらの妻と寝たいのか夫はどのように指名するのですか？
答　一日（午後六時から翌日の午後六時）私とすごすと、次の日はもう一人の妻とすごします。
問　彼があなたと一緒にいる時は、もう一人の妻とは会わないということですか？
答　ここでは全員が一つ屋根の下にいます。だから当然、時々は一緒になります。ダカールでは妻はそれぞれが一軒家をもっていました。夫は二日おきにそれぞれの妻とすごしました。
問　一人の妻の所により長くいるということは、あなたのご主人にはありませんか？
答　けっしてありません。規則ですから。それは、妻をもう一方の妻と取り違えたということと同じになります。もしそんなことがおきたら、私なら離婚です。
問　ご主人がもう一人の妻と寝ている間、あなたは何を思いますか？
答　なんにも思いません。夫と二人だけで暮らしていた妻の場合は、夫が一夫多妻になるとショックをうけますが。
問　家事の分担は？
答　夫という方がすべての家事をします。もう一方は何もしません。
問　役所とはどうなっていますか？
答　役所に私たちの状況を知られることはめったにありません。私たちは各自が、自分の家族手帳をもっています。でも、一夫多妻だとわかると、あからさまに私たちに対して意地悪になる役所の人もいますね。
問　一夫多妻家族の問題点は何ですか？
答　住宅です。三部屋に九人が住んでいるので狭すぎます。だから、離婚するわけではないのですが、私と自分の子どもたちのために別の家を探すことにしたのです。
問　ご主人は賛成しているのですか？
答　はい。
問　自分はフランス社会に同化していると感じますか？
答　はい。夫を共有することに何も問題はありません。

（注1）C.Jelen, *Le Point*, 一九九三年十月八日号
（注2）同書
（注3）*Clara Magazine*
（注4）*Clara Magazine*

（訳　伊吹弘子）

8 西欧における高齢女性に対する暴力

シュザンヌ・ヴェベール

高齢女性は性と年齢の両面で差別されているため、二重に暴力の被害を受ける。ロベール・ユゴノ(注1)は、高齢者が危険にさらされ、「犠牲になる」要因として、肉体的な弱さ、独居か、あるいは逆に施設かという住環境、経済状況、高齢者に対する社会の対応をあげている。ところで、全体として見ると、高齢女性は、少なくとも肉体的に高齢男性より弱く、同時により孤独で、社会的な評価も低い。

1 犯罪

一九八四年に起きた連続老婦人殺害事件は、パリの高齢者たちを震えあがらせた。犠牲者の中には、被害にあうまでの三カ月間に、犯人以外に誰の訪問も受けなかった人もいた。ル・モンド紙のマルク・アンブロワーズ＝ランデュは「あまりにも毅然とした老婦人たち」という見出しで「これらの老婦人たちは徐々に、慎ましやかに社会の周辺へと姿を消していく。(中略)強盗が家に侵入して、わずかの金目当てに彼女たちを襲っても、隣人たちは気づきもしない。彼女たちは、生きざま同様にひっそりと死んでいく」と書いている。彼女たちは肉体の死が訪れる以前の長期間、社会的にはすでに死んでいるのだ。最近また連続高齢者殺害事件が起きたが、被害者はすべて女性だった。

S・ボルンスタン、J・F・モット＝モワトルー、M・バレットは、数例の孫息子による祖母殺しの事例について報告している。(注2) 一七歳のベルナールは、小遣い欲しさに口論の末、祖母を絞め殺した。このような事件ではしばしば、安楽死という口実が持ち出されるが、ロベール・ユゴノは「高齢女性の原因不明の死亡のうち数件は他殺の可能性がある。（中略）死亡証明書には「自然死」と記載されるだろう。一体、死因は何か？　老衰だって！　高齢になるほど解剖の件数が減少し、しかも、変死の場合の司法解剖の件数さえ激減しているのは驚くべきことだ」と書いている。

自宅に強盗に入られた高齢女性が、貯金や宝石の置き場所を言えと脅迫され、拷問やレイプを受けることも少なくない。路上で、あるいは郵便局や銀行の出入口でひったくりにあうのも、ほとんどがハンドバッグを手に持った女性である。突き飛ばされて転倒すると骨折するおそれがあり、高齢女性にとってひったくりはきわめて危険である。

エリザベート・デラッシオ、ミシェル・ミスリンスキ、ロベール・ユゴノは、一九八二年にグルノーブル警察に届け出のあった三二〇件の七〇歳以上の強盗被害者の追跡調査を行った。それによると、被害者の骨がもろくなっていたために、寝たきり状態となるような深刻な外傷や、物忘れの例、軽度の知的障害から重症のうつ状態や痴呆へと進行するといった重大な精神的な打撃を受けた例があり、どの事例においても、「事件をきっかけに老化が急速に進んでいる」と指摘している。また、「女性は、男性よりはるかに多くの危険にさらされている」ことを明らかにしている。

しかし、これらの強盗や連続高齢女性殺人事件は氷山の一角にすぎない。事件についてのメディアの影響も真実を覆い隠す役割を果たしている。つまり、メディアは卑劣な犯罪者を声高に非難したり、一般大衆が納得し、安心する善悪二元論を助長させることで、高齢女性が標的にされる構造的暴力を見えにくくしている。とりわけ、メディアは家庭内暴力・制度的暴力へのタブーを温存しがちである。

この点についてはあとでふれることにする。

2　貧困

仏国立統計経済研究所の資料によれば、フランスでは、女性の退職年金は男性の退職年金より平均して四〇％少ない。老齢者最低生活保障の受給者は女性が男性の二倍である。六〇歳以上の女性の一五％がＦＮＳ（国民相互扶助基金から拠出される補助年金）の受給者であるのに対し、同年代の男性では九％である。また、ＦＮＳの受給者の割合は加齢とともに著しく増大し、九〇歳以上の女性では四二％が受給者である。

このように「貧困の女性化」とも言える貧困化は老齢期において最もすすむ。この時期には、一生を通じて蓄積されてきた男女間の格差の結果が顕著に現われる。

実際、先進国では年金権は当事者の職業活動への功労に報いることで、引退後の賃金に代わるべき制度と考えられている。したがって、年金の額は職歴で決まる。ところが、女性は仕事のキャリアのすべての段階で、男性より不利になっている。女性の職業教育水準は低く、重要な仕事に就けない。また資格不足のために身分も不安定である。ヨーロッパ諸国の中で、たとえばスペインでは、農家の家族補助作業員、家政婦、農業労働者など、女性が大半を占める職業には、社会保険、とりわけ老齢保険がほとんど適用されない。

さらに、性別役割分業の考え方は今でも支配的で、強まる傾向にあり、託児所の不足とあいまって、そのうえ、仕事はたいしてやりがいがあるわけでもないので、女性は子育てのために、仕事を中断するか、やめるか、あるいはパートタイムを選ぶようにうながされることが多い。その結果、職業経歴にブランクが生じ、女性の退職年金を減少させることになる。しかも、退職年金には算入されない女性のシャドウワークは必ずしも家事労働と子育てに限らない。たとえば、商店経営者の妻の店番やレジの管理、帳簿つけの仕事、医師や歯科医の妻が担当する受付や電話の取次ぎなどはれっきとした労働であるが、夫は社会保険料の雇用主負担を免れるために妻の労働を申告しない場合がある。これはかつてはふつうに行われていた。そのために、現在高齢に達したこれらの女性たちには、個人年金の権利がまったくない。夫に全面的に依存しているので、ひとたび寡婦になると、切替年金を受けるしかない。ドイツでは、寡婦で個人年金の受給者は三分の一にすぎない。介護を要する家族（最も多いのは老親）の世話をする女性のシャドウワークに話を戻すと、欧州委員会の調査(注3)によれば、ドイツではこのような「介護者」の一六％が自分自身の有給の職を断念し、二八％が労働時間を制限しなくてはならず、経済的な損失をこうむっている。介護が終わっても、すでに多くが五〇歳代に達しているこれらの女性が労働市場に復帰できる見込みはきわめて少ない。そのうえ、一般的に復帰のための限られた公的援助だけが頼みなのだが、労働市場に復帰する女性に対するわずかの援助も、どちらかといえば「若い」母親を対象としている。さらに、イタリア、スイス、イギリス、新たに民主化した大部分の中欧、東欧諸国など多くの先進国では、女性の法的な定年が男性よりも早い。東欧諸国の高齢女性はとりわけ、市場経済への移行にともなう大混乱の犠牲になり、しばしば子どもの事情にほんろうされるのがおちだ。欧州委員会の資料によれば、それぞれの国で多様な事情はあるにせよ、高齢女性、とくにひとり暮らしの高齢女性が最も貧困のリスクの大きい集団であると一様に報告している。

3 健康

一九八九年時点のフランスの平均寿命は(注4)、男性が七二・二七歳、女性が八〇・四五歳だった。男女の差は八・一八歳である。タバコ、アルコール、ストレスについて、女性の行動が男性並みになっているにもかかわらず、この差は広がる傾向にある(注5)。

それに対して、〔疾病、けがなどのない〕健康状態で過ごせる平均寿命は女性が六三歳に対して男性は五九歳だった。両者の差は四年で平均寿命の差の半分である。

このような疾病と障害に対する危険度に男女差がでるのは、社会、文化的水準や経済水準、病気の予防と治療を受ける機会、ヒルデ・ローゼンマイヤー(注6)が言うような「女性専門の生理学の必要性の認識不足と（中略）適切な治療処置の欠如」など、多くの領域で女性が生涯を通じてこうむる不平等や障害が積み重なった結果なのである。ローゼンマイヤーは「女性特有の疾病」について、途上国では女性の栄養失調が男性より深刻で、しかも、妊娠中には鉄分がより必要なことを知らないために、慢性貧血症が多く、若い女性だけでなく高齢女性も健康を損ねている。また先進国では、骨粗しょう症とうつ病が問題になっていると述べている。

閉経

更年期障害は、ホルモンの変調で起きるが、家族関係の変化や閉経期の女性に対する産業化社会の目も原因になる。事実、アメリカの社会学者マーチャット・フリントによれば、閉経後の女性の社会的評価が高いインドのラジプト族の女性は更年期の諸症状がきわめて軽いという（彼女たちは閉経後にはベールを脱ぎ、外出したり、部族の決議に参加することができる）[注7]。

しかし、このような更年期「障害」は、初期の障害を取りのぞき、閉経後の状態を良好に保つホルモンの補充療法によって緩和することができる。

ところでフランスでは、一九八九年に製薬業界が発表した数字によれば、一、一〇〇万人の閉経期あるいは閉経後の女性のうち、ホルモン療法を受けたのは四〇万人にすぎない。この人数はアングロサクソン系の国々よりもはるかに少ない。しかも、更年期障害で受診した患者の三分の一は処方された薬を買っていないし、治療を受けても半数は数カ月で治療を中断している。

五〇歳以上の女性の多くはこれまで長いあいだ、望まない妊娠や闇中絶、つらい出産などを受け入れてきた[注8]。彼女たちは、更年期障害も女の人生の自然で避けがたいひとつの節目として耐えるつもりで、「自然の手にゆだねるのが一番」と考える。

しかし、女性患者の無知や恐怖心をあおったり、あるいは単に患者に無関心なだけの、一部の男性医師の態度には、今や用済みとなった「繁殖用の雌馬」に対する軽蔑が見てとれないだろうか。そしてこのような医者を保守的な考えに凝り固まった一部の女性医師が補佐している。「自然」の力に任せる方が良いという考え方は文化的欺瞞の最たるものである。しかし医師たちは一方で避妊用のピルを処方しているではないか。おそらく、こうした男性医師の医療の姿勢の根底には、女性の妊娠能力に対する父祖から受け継がれてきた恐怖心があるのだろう。しかしその能力も閉経でやっと無力になる。その証拠に、最近、閉経後の女性が人工受精によって妊娠できるということに対して抗議する動きが起きている。老婆が魔法使いの姿で表される不吉のイメージと、生殖能力のある子宮が潜在的にもつ危険性を一人の人間の中に凝縮させるなんてとんでもないというわけだ。

ホルモン補充療法の経費と効き目をバランスシートにかけてみると、補充療法によって心血管治療と人工股関節の補てつに要する医療費は節約にはなるが、かといって、一般に補充療法を普及させるのが妥当とはならず、(注9) 心疾患の「ハイリスクグループ」にのみ適用されるべきであるということになる。統計上はハイリスクグループに入らないが、それでもホルモン療法を受けたい女性にとっては気の毒な状況である。

抑うつ症状

先進国では、うつ病と診断される女性の数は男性の二倍である。うつ病の発症率は加齢にともない急増する。多くの研究が子どもの独立による心的外傷である「空の巣症候群(注10)」と更年期との関連に言及している。ここでもまた、女性を母親の役割に過剰にのめり込ませる社会的な条件づけが決定的な役割をはたしている。

高齢女性の性

三人の高齢女性が一人の若い男にレイプされた事件で、リベラシオン紙がある男性の性科学者と男性の精神科医にインタビューをした。前者は「珍しい倒錯例の老人性愛だ」と言い、後者は「犯行当時青年が心身喪失状態にあったかどうか専門家の間で鑑定しなければならないだろう」と述べた。マキシミリエンヌ・ルヴェ(注11) は「若い女性がレイプされた場合、心身喪失が話題になるだろうか。もちろんならない。若い女性をレイプすると犯罪になる。ところが、老女をレイプするのは狂人でなければならず、その場合はレイプしても無罪になる」と書いている。

高齢者の性は男女双方から今だに内密にされていたり、年齢とともに衰えていくものと理解されている。それにしても、性に関するタブーは男性よりも女性に対してかなり厳しい。高齢男性の艶福談はひそかに称賛を呼び起こすが、高齢女性の場合は、不謹慎で非常識とされ、「色気違いの婆さん」呼ばわりされるだろう。この不公平の要因の一つにはユダヤ・キリスト教思想の影響がある。ユダヤ・キリスト教は生殖を性行動の唯一の目的とするために、女性の性生活は閉経をもって終わりとする。一方、生涯を通じて潜在的に生殖能力のある男性の場合は、明確に時期が定められない。キンゼイ報告によれば、女性の性欲とオルガスムの能力は更年期以後もかなり持続するが、性的活動は同年齢の男性より少ない。このことは、女性にとって社会秩序がいかに大きな障壁となっているかを物語っている。

しかし、高齢女性の性行動を最も妨げる要因は家父長制のモデルと、そのモデルが伝統的に女性に割り当ててきた役割である。プルードンはその役割を「主婦か、娼婦か」と簡潔に表現している。現在の高齢女性には、若い頃に受けた教育と社会環境によって、この役割意識が徹底している。たとえ、職業に従事してきた女性であっても、その女性がいかなる人物であるかを問う場合、職業はあまり考慮されず、一方で妻であり母である役割が、また他方で魅惑的な女という役割が社会的に高く評価される。シモーヌ・ド・ボーヴォワールの表現によれば、このような女性の「相対的存在としての立場」はとりわけ高齢女性に不利にはたらく。

性についての伝統的な考え方は、女性をエロチックな対象としての存在に限定する。したがって世間一般は、女性をピンナップガールのような記号化された姿でしかイメージしない。そのため、高齢女性は自動的に除外されことになる。「若くて美しい」という表現はほとんど同義反復である。女性の容姿はこのあらかじめ定められたイメージで評価され、容姿自体がその具体的な多様性において知覚されることがない。ブノワット・グルー(注12)が言うような「知性とユーモアが刻まれた美しいしわ。味のある顔つき。魅力的な〝ブス〟」は女性の美しさにはならない。しかしながら、この特徴も男性にとってはプラスになる。男性のしわは「表情を豊かに」し、「個性」になるが、女性のしわは「容色の衰え」となる。男性の肥満は「貫禄」だが、豊満な肉体の女性は「おばさん」に見られる。このように、男女の美の評価に格差があるのは、家父長制社会の女性の物象化が直接影響している。そのため、老け始めた多くの女性は自信を失い、老化の不安につけこむ商売に乗せられてしまうのである。そして、もう若くない女性にひかれる男性はといえば、笑い者になるだけだ。なぜならば、「若くて美しい」女性は、性の理想的な対象であるばかりか、見せびらかすべき勲章であり、その所有者の地位や名声の一要素とも見なされるからである。

伝統的に女性に割り当てられている母親の役割も間接的ではあるが、やはり女性の性行動に重くのしかかっている。生殖能力がなくなるということで、男性の目には、閉経した女性は男でも女でもないと映るかもしれない。多くの女性は、母性に関して相反する感情を抱いていても、あるいは伝統的なイメージにとらえられていても、自分の性を自由に生きるためには、自分には潜在的に生殖能力があると感じる必要がある。女性の多くが、閉経後は性に無関心になるか、無意識のうちにその充足を自分に禁じてしまう。その場合、行き着く先は不感症である。したがって、アンヌ＝マリ・ダルディーニャ(注13)が言うように、「これからも母性の喪失は自己喪失につながっていく」のだろう。

カップルの年齢差が大きくてしかも女性が年上の場合、社会の許容度ははるかに低くなる。たしかに、このようなカップルは、伝統的なカップルのモデルと比べると完全に異型である。実際、このタイプのカップルの最大の危うさは世間の批判に左右されることにある。「長続きしないだろう」と思いこんでいる年上の女性は、負けを覚悟で勝負をするようなものだ。ときには、拒絶されて傷つくのに備えて、無意識のうちに先手を打って拒否の態度をとってしまう。

介護する娘たち

「主婦か、娼婦か」に、「看護婦」の役割も付け加えることができるだろう。

アメリカ合衆国の公的な研究によれば、高齢者の在宅介護は基本的に家族が負担し、プライマリー・ケアを行っている娘は息子の四倍である。(注14) 社会通念上、女性には介護をする「生まれながらの」適性があると考えられている。周囲の人々も、娘が、とりわけ独身の場合はなおさら、介護を引き受けるのが当然と思っている。息子はといえば、年老いた母親に日曜日に花束を届けるだけでことたりると思っている。介護の役割は、息子よりもむしろ息子の嫁に割り当てられやすい。息子が介護しても、ほとんど歓迎されない。フランスのある地方都市では、痴呆で寝たきりになった母親の世話をしていた一人息子が隣人から非難の目を向けられていた。隣人は彼に母親を施設に入れるように促し、息子が母親の下の世話をするのは適当でないとほのめかす始末であった。

ブロディは(注14)「サンドイッチ世代」の女性たちの事例に言及している。彼女たちは、病気の親の介護に加えて、子や孫からは頼られ、自分自身の更年期、子どもの独立、夫との関係の変化、仕事上の悩みといった、人生の危機的な時期にあるというのだ。また、このような女性たちに慢性疾患が現われることを指摘している。そのうえ、女性たちは、老いた親を身体的に精神的にケアしなければならない義務と、職業上の成功、自己主張、自立といった新しい社会的価値観の間で「サンドイッチ」になっていると言及している。

ドイツの研究は、このような女性たちは仕事、家事、介護の三重の労働負担ゆえに、自由になれる場がなく、自分の個人的な活動や人とのつきあいができないこと、また極度の疲労、背中の痛み、睡眠障害、頭痛、うつ病、いらだちなどで健康を害していること、夫婦生活、家庭生活に悪影響がでていることなどを強調している。別の研究では、介護が長期におよぶと、父親の場合はそれほどでもないが、特に母親の介護の場合、介護する娘と老いた親の関係が悪くなり[(注15)]、たとえ介護内容自体は同じであっても、仲たがいしている時はなおのこと、介護する気力が低下すると指摘されている。一方、ウルスラ・レールは、中年女性は家庭内での役割で男性たちに比べ、対立と緊張により多くさらされていると強調している。

結局、どの研究もすべて、非常に示唆的な一つの事実を明らかにしている。それは、調査対象となった女性のほぼ全員が、必要なかぎり介護を続ける用意はあるが、しかし、今と同じ条件であれば、将来、自分は娘の世話にならないときっぱりと拒否していることである。

介護する娘の苦労についての研究はある程度進んできたが、その一方、寡婦になってやっと手に入れた自立を、身体が弱ったために、娘の世話にゆだねざるを得なくなった老いた母親の苦悩については、ほとんど関心が払われてこなかった。

たしかに、このような状況は介護する側とされる側の双方に苦しみを引き起こす。なぜなら、この状況は、原初の象徴的母子共生関係への逆戻りを促すからである。この共生関係は愛情の相互依存と攻撃性とから成り立つのだが、親と子の関係が逆転し、介護による過労もあいまって攻撃性が強まる。暴力行為へと移行する条件はすでに出そろっている。

4 家庭内暴力

高齢者に対する家庭内暴力のテーマは広くタブー視されている。介護者の大半が女性であることもタブーがいっそう強化される。母親を殴ったり苦しめたりする女性のイメージは、親孝行の理想像のみならず、生まれながらに優しくて、献身的で自己犠牲をいとわないという固定化された女性像にも相反する。したがって親不孝な子どもというタブーと暴力的な女性というタブーが重なってしまう。

老いに対する社会的なマイナスイメージもまたタブーの解消を妨げる。事実、このマイナスイメージは暴力に対する無知を助長する仕組みを生み、暴力をありふれたものにしがちである。とりわけ、超高齢者はいくらかボケていると周囲の人から思われることが多い。そのため、高齢者の言葉はまったく信用されなくなる。たとえ彼らが虐待されたと訴えても、それを真に受けるよりは、ボケているのではないかと疑ってしまう。

もっとも、訴える高齢者はごくまれで、告訴するのは例外である。彼らは人との付き合いもなく、自分の権利や訴訟が可能なこと、そのためにはどうすればいいのかを知らない。あるいは、障害を抱えていて、行動できない。また恥じる気持ちがあるために、暴力をたいしたことではないと自分に言い聞かせ、彼らの愛情の唯一の対象である子どもの味方についてしまう。たいていの場合、高齢者は気持の上で子どもたちに頼っているので、排除されたり見捨てられたりするよりは、虐待を受けるほうがまだいいのである。彼らは黙って耐える以外の逃げ道を想像することさえできない。

殴られる高齢者の事例は一九七五年に初めて『殴られる祖母たち』(注16)で報告された。このタイトルが女性を暴力の被害者に特定しているのは意味深い。オスロの老人医療専門医のイーダ・ヒドレは、ヨーロッパ諸国の高齢者に対する家庭内暴力の問題を研究した。彼女は身体的虐待（殴打、傷害、緊急時の援助の拒否、食事、衛生、身体的ケアの深刻な手抜き）心理的、社会的虐待（侮辱、罵倒、隔離、監禁）、経済的虐待（詐欺、財産の横領）について調査した。調査結果からこれら三つの虐待はしばしば複合していることがわかった。ノルウエーでの調査、また、目下フィンランドで進行中の調査によれば、被害者の六〇％から八〇％が女性である。女性は身体的虐待をうけることがきわだって多く、男性の場合は心理的虐待がほとんどである。また、暴力の加害者の七〇％は男性である。息子の暴力がもっとも多く、次いで夫、その次に娘である。高齢女性の、健康と金銭面で特に危険なのは、母・息子関係であるとイーダ・ヒドレは強調する。加害者側には、しばしばアルコール依存症、薬物中毒、精神病的傾向がみられ、被害者側には、独居、痴呆症状、劣悪な居住環境、不十分な健康管理がみられる。ロベール・ユゴノはアルコール依存症の娘婿の例を引用している。仙骨の骨折で入院した義母の度重なる転倒事故の理由を医師から問われた娘婿は、「ちょっと押すだけで転ぶのさ。立ってるのがやっとなんだから」と、それがどうしたと言わんばかりであった。

これらの調査から、家庭内の高齢者介護の負担は女性の方に重くかかっているにもかかわらず、暴力と虐待の加害者は男性に多いということがわかった。そのうえ、夫婦間暴力は年齢を重ねても減少しない。逆のことさえある。ジュヌヴィエーヴ・ドゥヴェーズ(注17)は、時には、結婚後三〇年たって暴力が始まった夫婦の事例があることを指摘している。それは、夫が失業中か、早期退職を迫られているかで、一般的に年下の妻の方は仕事を続けているといった状況の中で始まった。自分が解雇されたことで、お払い箱になった、落ちぶれたと感じ、新しい生活の設計ができず、それまでは妻の仕事だった家事を渋々する羽目になり、自分のアイデンティティーが脅かされたと感じたのだ。「自分自身を受け入れられず、妻のことが我慢ならず、妻を疑い、監視し、嫉妬する」。夫にとって耐えられないこととは、実は、伝統的な性役割の逆転なのである。

5　ひとり暮らしと孤独

女性人口の割合は年齢とともに上昇する。六〇歳以上では約六〇％で、七四歳以上になると男性の約二倍、百歳では七倍になる。

仏国立統計経済研究所の資料(注18)によれば、六〇歳以上の男性の大多数、七七・五%に配偶者がいるが、女性では四二・八%である。一方、四二・六%がすでに寡婦であり、有配偶者と寡婦の割合はほぼ同じである。六〇代ですでに著しい男女格差が見られるが、加齢とともにさらに拡大し、たとえば、七四歳以上では、男性の三分の二が有配偶者だが、女性の三分の二は寡婦である。

女性の長寿がこの格差の主因であるが、原因はそれだけではなく、他に二つある。一つは、すでに引退している世代の夫婦では、夫は妻より平均して三歳年上であること。もう一つは、男性は死別であれ離婚であれ、再婚率が女性より高いということである(注18)。おそらく、これから先、自分で家事をしなければならないと思う時、男性は途方に暮れるのだろう。再婚する男性は一般に、伝統的な夫婦のモデルに従い年下の女性を選ぶ。

このように寡夫よりも寡婦の数が多いということは、「男性は人生の終末を妻に看取られて迎える確率が非常に高く、その逆に、女性は独りきりで死ぬリスクがきわめて高いこと」を意味している(注18)。ここで、「確率」という中立的な語と、「リスク」という否定的な響きの語が使用されている不釣合に着目したい。これは文化的モデルとしての夫婦の優位性が依然として根強いことを表している。

超高齢の女性にとって、真のリスクは人生の終末を施設で知らない人々と一緒に迎えるのか、――「家事の適性に欠ける」からと、高齢男性に対しては在宅でヘルパーが派遣されることが、女性の場合より多い――それとも、マルク・アンブロワーズ＝ランデュの言う「慎ましい疎外状態」の中で迎えるのかという問題である。夫を亡くした時点で解放され自由になる女性はいるかもしれないが、妻そして母親という家父長制モデルにずっと囚われてきた大部分の女性は、なおも亡夫との関係で自己を未亡人と定義するため、個人として社会とかかわることをやめる。貧困で、住環境も悪く、健康状態も良くない場合はなおさら社会とつながりをもつのは難しい。高齢女性のひとり暮らしは、単に強盗に狙われやすいというだけでなく、急病や事故など、不安定な生活を脅かすあらゆる危険に救助の手が届かないということでもある。孤独は、自己と良好な関係にあるときには、内面を豊かにするプラスの面をもつ。それには、個としてのアイデンティティー意識が前提になるが、このような女性たちには、ずっと、持つことを禁じられてきた意識なのである。分裂し、人間味にかける社会で唯一感情をあらわにすることが許される場所は家庭である。しかし、そこは心のよりどころであると同時に牢獄でもある。さまざまな感情が混ざり合う息苦しい閉塞状態の中で、彼女たちは、懸命に家族のためにつくす。だが、自己を主張し、孤独を引き受けることを可能にする適切な距離感を確立できないまま、結局は、家庭からも締め出されてひとり暮らしに追いやられてしまうのだ。

（注1）Robert Hugonot : *Violences contre les vieux*.
（注2）S.Bornstein, J-F.Motte-Moitroux, M.Balette: A propos d'une forme rare de matricide : le meurtre de la grand-mère ou aviolicide, *Revue de gériatrie*, 九巻一九九四年十一月九号。
（注3）*Les cahiers de Femmes d'Europe*, 四一号、欧州委員会編
（注4）INSEE（国立統計経済研究所）一九八九年国勢状況
（注5）修道院で生活する修道士、修道女のグループについてのアメリカ人の研究によれば、周囲の一般人に比べて全体として長寿であり、女性は男性より十歳長生きしている。（M・デイラス）
（注6）Hilde Rosenmayr : Les femmes et leur vieillissement, *Gérontologie et société*, 《Des vieillesses différentes》.
（注7）高齢女性（と高齢者一般）を高く評価することは毛沢東時代の中国で顕著であった。（M・デイラス）
（注8）カトリック教により助長された。（M・デイラス）
（注9）*Le Quotidien du Médecin*, 五四一三号

（注10）女性がフルタイムで働く国ではこの症状は報告されていない。（M・デイラス）
（注11）Maximilienne Levet：*L'âge de la flamboyance*.
（注12）Benoîte Groult：*Ainsi soit-elle*（邦訳『最後の植民地』新潮社）
（注13）Anne-Marie Dardigna: *La poétique du mâle*.
（注14）Brody：*Women in the middle*：Their parents care years，一九九〇
（注15）この点に、我々の家父長制社会おける女性に対する男性支配の結果をみることができる。（M・デイラス）
（注16）C.Burton：Granny battering，*British Medical Journal* 一九七五
（注17）Geneviève Devèze: *La violence conjugale*，Homme et liberté，一九九〇
（注18）*L'âge de la retraite* 国立統計経済研究所

（訳　伊吹弘子）

第Ⅲ章　南北アメリカ

1 アメリカ合衆国における女性への報復

フランソワーズ・ドーボンヌ

フェミニズムが後退してから、アメリカの女性に対して行われた男性優位体制からのさまざまな報復措置を、スーザン・ファルディが『バックラッシュ』（反撃）というタイトルの本にまとめている。高い力量と豊富な資料を駆使した本書で、彼女は、ジャーナリストにとって最高の栄誉であるピュリッツァー賞を受賞した。そこに取り上げられているのは、一九八五年頃からの労働環境、中絶反対運動、大衆文化に関する事実である。

労働

ベティ・フリーダンのNOW（全米女性機構）という抗議団体が設立される以前とまったく同じように、メディアを通じて洗脳することで、女性たちを労働市場から追い出そうとする新しい動きがみられる。七〇年代以前、つまりウーマンリブの出現以前と同じことが行われているのだ。

男女の賃金格差は縮小されたといくら言い張ったところで、男性が一ドル稼ぐのに対し、女性は最高でも七〇セントしか得ていない。高等教育を終了した女性の場合、格差はもっと拡大し、若い白人女性で「五九セント」であるが、もっと年齢が上がったり黒人であると五四ないし五二セントになる。女性たちは「職場を侵略した」と非難されて、しだいに秘書課に押しこめられるようになっているのが実情である。一九七三年以来、貧困の域を出ない収入の女性の数が増加している。とりわけ、黒人女性は介護や社会福祉の職に追いやられている。写植や薬剤師といった男性が多数を占めてきた分野でも女性の進出が進み、これらの職業の価値が低下したという理由で、すでに男性が離れていってしまった。職人仕事では、女性の数が一九七九年から八六年の間に半減し、一部の職種では〇・五％に下がっている。

公務員では、目下、高い地位に就いている女性の数は男性の半分である。

マスメディアでは、ニュース番組が削減された時点ですべての女性が解雇されてしまった、とある女性プロデューサーが語っている。女性映画監督のC・カミングスは、「私がこの仕事を始めた一五年前より明らかに状況は悪くなっている」と断言する。性差別の訴訟がKNBCに対して起こされた。男性の若くて経験の浅い技術者を入れ、女性でただひとりの録音技術者を、職業意識が高いと評判だったにもかかわらず、追い出したのだ。

しかし一九七二年に、NOWはついに男女雇用機会均等に関する法律を勝ちとった。組合運動の著名な活動家のダイアン・ジョイスは、カリフォルニア州のサンタ・クララ地域で最初の女性単能工になるために一〇年近くも闘った。彼女は、自分が不当な迫害に耐えねばならなかったことについて、また「ブルーカラー」社会で生計を立てようとする女性たちが繰り返し耐えてきた事柄について、ぞっとするような記述を行っている。会計係をしながらひとりで四人の子どもを育てていた彼女は、まず第一に皮肉やつまらない嫌がらせに立ち向かわねばならなかった。従業員の給料が二－五％上がったが、女性は除外された。彼女は「どうしてですか」と抗議した。「それくらい、ヨーロッパ旅行ですぐに使ってしまうのだろう」と人事部長は答えた。女性の会計係のだれもそんなに遠くへ旅行をしたことなど一度もないし、彼女たちは男に頼らずに生きているのだ。ダイアン・ジョイスはとうとう正規の社員証を手に入れた。彼女が企画のポストに志願すると、採用されたのは彼女より経験の浅い男性だった。一九七五年に彼女がトラック輸送の仕事を習得すると、上司は激怒した。

「きみは男の仕事を奪うつもりか！」

しかし、彼女は三位の成績を挙げて採用された。それからの四年間、彼女はコールタールの樽を輸送し、地滑りした土砂を除去する大型車両を運転することになる。男たちは彼女の仕事を妨害し、嘘の助言を与えて車両を故障させた。彼女には作業服が支給されず、女性用トイレが厳重に閉鎖された。

「男になって働こうとしているのだから、男のように小便したらいいじゃないか！」（原文のまま）

もっとましな場合でも、トラックの脇腹に彼女についての卑猥な落書がなされ、わざとポルノ雑誌を散乱させておき、彼女には「雌豚」というあだ名がつけられた。男性労働者のひとりは彼女を大声で脅迫し、侮辱した。「お前なんかここにいてもらいたくない。出ていけ！」

このような工事現場で働く数少ない女性労働者のうちのいく人かは、いじめや性的嫌がらせを受けていた。長靴を隠されたり、彼女たちが整備することになっていた車両の座席に大便を塗りつけられた。女性のひとりは頭を板で殴られた。ある現場監督は彼の作業班に最初に入ってきた女性をこう言って迎えた。

「あんたをぶち殺してボーナスをもらいたがっている奴を知っているよ」

四年の経験があるダイアンの代わりに一年半の経験しかない男性が選ばれたとき、彼女は異議を申し立てた。この問題は輸送部門の新任の部長のもとに達し、部長はダイアンを追い出そうとした上司に彼女のどこが不満なのかと尋ねた。

「嫌いだから」というのが答えだった。

のちに彼はこのあまりにも率直な告白を取消して、「女というものは重い器材を運ぶようにできていないから」と言うのだった。しかし、問題の器材というのはマイコンだった。

新任の部長は、「分かりました。あなたにこの仕事をやってもらいます。しかし、あなたに資格があるわけではありませんよ」と言いながら、ダイアン・ジョイスにこのポストを与えた。この間に彼女のライバルはトップに通報し、今度は彼が「資格の低い」女性が優遇されたと訴えた。一九八七年、連邦最高裁判所はこの訴えを却下したが、ダイアン・ジョイスは報復が待っていると確信し、次のように語っている。

「レールはすでに敷かれ、列車はそこまで来ている」

ある女性従業員がダイアンの勝利を祝って花束を贈ってくれたが、翌日、ダイアンは花がごみ入れに投げ込まれているのを発見した。ひとりの現場監督が花を「足で蹴散らした」と威張っていた。「列車」がそこで止まるなら、幸いである。ほかの女性の事務員や工員は侮辱、からかい、いじめ、嫌がらせを受け続けている。

ウエスタン・エレクトリック・AT&T社の組立工場でも、同じような女性に対する不当な攻撃があった。一九七八年から検査部門の二〇〇のポストに一五人の女性がいることから、女性への不平不満が芽生えた。女性の数が増えると嫌がらせも増えた。女性たちの機材は壊され、回線は間違って接続され、配電図はインクで汚される。非常に不愉快な絵がピンでとめてある。その一枚は、ドル紙幣をいっぱいに詰めこんだ靴を履いた肥った女が声高に叫んでいる風刺画である。

「学は無いんだけんど、いまは検査ちゅうものをやってるのよ」

同工場のジェーン・キングは、もっと上のポストに就くために数学の講義を受けていた。アルコール中毒の男性と結婚していて、彼女がひとりで娘の生活費を賄っていたのに、夫は彼女の勉学を妨害しようとした。「女は数学がだめ、エレクトロニクスがだめ」と上司たちは言うが、女性たちが腕を上げているのを見て不安になり、常軌を逸した手段で、たとえば透明なハンドバックの所持を義務づけたりして、彼女たちに嫌がらせをしている。

上司たちが女性を巧妙に差別するために新しい「年功による給与表」を作りあげたとき、女性たちは一致団結して抗議したが、無駄だった。男性側が勝ちを占めた。彼らは「世帯主」の責任を口にするが、大多数の女性も「世帯主」なのだ。ジェーン・キングは闘い続けていたが、一方、夫はしだいに暴力的になり、彼女の髪の毛をつかんでベッドから引きずり降ろし、殴り、レイプし、離婚するというなら殺すと脅した。はた目には紳士に見えたこの夫は、街頭のけんかで殺されてしまう。その直後、工場は口実をもうけてジェーン・キングを解雇した。忌引きの後に、彼女が期日中に職場復帰の日をはっきりさせなかったから、というのである。この有能な女子工員は、養育しなければならない二人の子どもを抱えて、今では家政婦となっている。この同じ年、カリフォルニア州の「フェミニズム」の指導者たちは次のような疑問を投げかけた。

「女性は本当に男性と同じ仕事をしたり、男性と同じ権力を行使したいと思っているのだろうか」

ジェーン・キングにしたらスーザン・ファルディにこう言いたいだろう。

「平気でそんな御託を並べるフェミニストたちを私のところに連れてきてもらいたい！」

中絶反対

レーガン大統領の二度の任期中に、いわゆる「生命の保護」運動の支持者たちが増え続け、妊娠中絶を阻止するためのコマンドを結成し、あるいは中絶手術を行っているクリニックを脅かし続けていた。一九八九年、そのようなグループのひとつが「第二回全国救命デー」と名づけたデモ集会を開催した。横断幕には「子どもたちを中絶から救いだそう！」と書かれていた。参加者たちは、キリストの十字架像をふりかざしながら同じ言葉を叫んでいた。

活動家のひとり、元税務監督官のワルダーンは、どのようにして妻の中絶を止めさせたかを誇らしげに物語った。彼らにはすでに四人の子どもがいたが、彼は病院の手術台の上にいた妻を探しだし、無理やり家に連れ帰った。だが、彼は泣きだした。妻は子どもを生んだが、夫のもとを去っていったのだ。

「僕は生まれなかったすべての子どもたちを哀れみます」

中古車セールスマンのテリーは、すべての家族計画クリニックを閉鎖させる目的で、自ら「救出作戦」という団体を設立した。「救出作戦」は途方に暮れる多数の若い失業者たちの心を引きつけた。彼らは自分たちの経済的不安を女性の労働市場への侵入のせいにして、女性自身の身体の自由を認めないことで恨みを晴らそうと躍起になっている。

「生存権委員会」のリーダーのジョン・ウィルクは自分の考えをはっきりと述べた。いわく、出産の選択の自由を要求する女性たちは「結婚というものをねじ曲げて解釈している。彼女たちは、夫が妻の胎内に成した子の命を守る権利を彼から奪っている」。フェミニストたちについては、「娼婦」だとか、「レスビアン」だと言う。

マイケル・ケリー神父はJ・ウィルクの発言をしのぐ大げさな話をした。

「神は女を独立したものとして創造したのではない!」と激しく非難し、この女という性は「フェミニズムによって荒らされている」と明言した。

そして、ジョージ・ギルダーは『男と結婚』の中で、避妊と中絶は「父権を弱体化させ、ペニスを無意味なおもちゃにしてしまう」と主張している（原文のまま。なんという言いぐさか！）。

ところで、これらの堪え難い暴言に対しては、次の事実に触れておくべきだろう。合法的な中絶の数は一九七三年から八〇年にかけて増加したが、それからは落ち着きをみせ、八〇年から八七年にかけては六％減少さえし、これ以降も少しずつ減少している。一方、中絶が禁止されているブラジルでは、中絶数が合衆国の三倍を越えている。

中絶が合法化される以前には、年間一万人の女性が闇中絶の後遺症で死亡していた。その女性たちの中で、さらに多くの子どもを生み育てることができたものが何人いただろうか、とテリー、ウィルク、ケリーに従うヒステリックな活動家たちにできるものなら尋ねてみたい。もっとも、合法化によってこの件は決着がついた。(注1)

この中絶反対キャンペーンの中でもっとも驚くべき事件は、アイダホ州でのフェミニストの勝利である。彼女たちはじゃが芋の不買運動をすると脅したのだ。「私たちの収穫物が脅かされるとあらば、考慮せざるをえない」とあっさり州知事は本音を吐き、検討中だった抑止法は可決されなかった。

犯罪

ブッシュ、レーガンの両政権以来、マスメディアが競ってカップルの生活、ホーム・スイート・ホーム、専業主婦、夫婦の貞操という魅惑的な歌の音頭とりをしているにもかかわらず（エイズの恐怖がもたらした大混乱もひと役買っているかもしれないが）、大都会ではおびただしい件数の性犯罪が起きており、その数は増大する一方だ。

総じて先進工業国における性犯罪の全般的な増加が問題であろう。雇用の危機、貧しい移民の流入、人口過剰がこのような結果を生んでいる。なかでも世界一の大国でもっとも豊かな国、アメリカでは性的殺人の累犯が特徴となっている。それは「連続殺人犯」による犯行で、あらゆる「犯罪」小説や刑事ものの映画のヒット作のモデルとなっている。

相次ぐレイプや連続殺人は、それが「懲罰」や「仮の結婚」の名の下に制度化されているイスラム原理主義地域だけに特異な犯罪ではない。アメリカではあまりにも慣れてしまったためにありふれた犯罪となっているが、それは女性蔑視という疫病の害毒のひとつである。

そういった犯罪が女性へのバックラッシュ（反撃）である「報復」のひとつの現れであるかどうかを見分けるのは難しいことでもないし、根拠のないことでもない。つい最近まで社会のさまざまな分野で力を得ようと模索していた女性が、とにかく生殖の自己決定権の獲得という勝利――異議や反対の憂き目にあっているにしても――を収めたのだから。

男性の「他者」への憎しみ（それはとくに女性に対するものだ、と哲学者エマニュエル・レヴィナスは言っている）は、歴史的にみて「劣った性」である女性が頭角をあらわしたり、あるいはアイデンティティーを要求や主張したり、おこがましくもアイデンティティーの試案を提示してみせたりしたときに、病的な、そして破壊的な行動で示される。

たとえば一六世紀の異端審問は中世の時代よりもはるかにヒステリックにみえるし、明らかに女性に対する厳しい審問が増加していた。その時代、少なくとも知識階級では、ルネサンスとともに女性の芸術家、学者、作家、また美や官能性を発揮する女性が初めて出現した。

七〇年代のフェミニズムの激しい波が砕け散ったアメリカでは、今日、女性の権利は後退し、満足感を与える職業からの締め出しが行われている。それに加えてポルノグラフィー（エロティシズムではなく、性的刺激のもっとも下品な形）が蔓延し、文学や映画で、精神面でも状況面でも、もっとも露骨にサディスティックなものを表現することへの関心が再び高まっている。そのような作品に詳しく描かれている犯罪は現在の世相の反映である。喉をかき切り、絞殺し、拷問する殺人犯がアメリカのジャーナリズムを日々にぎわしている。その犠牲者は圧倒的に女性であるが、ごくまれに少年のこともある。つまり、性的衝動の対象となる人々である。

このような残虐行為が異常なほど増加しているのをみると、アントワネット・フークの次の言葉が思い出される。「あちこちで、ただ女であるという理由だけで女たちが殺されている」。アメリカはこの種の「連続殺人犯」には都合のよい土地となっているようだ。

結論として、アルジェリアの作家ラシッド・ブージェドラの作品からの引用がもっともふさわしいだろう。(注2)

「彼らは、他者、欲望の対象者、女を簡単に抹殺するという行動により、自らの性的衝動を死への欲求に変えてしまう」

このような欲望のすり替えは、女たちが初めて家父長制を根底から脅かしたアメリカという国の特徴ではないだろうか。

(訳　宮本由美)

(注1) 結局のところ、この必要不可欠な中絶の合法化も人口をこれ以上減少させることができず、地球レベルでのまったく途方もない人口の激増が二十一世紀の人類を「人口爆発」で脅かすだろう、と遺憾にさえ思う人々もあるかもしれない。

(注2) "*FIS de la haine*" より

2 ラテン・アメリカ諸国における女性に対する暴力

ヴェロニク・ジェラルダン
タチアナ・ラロワイエンヌ＝メルカド
アリナ・サンチェス

1　ブラジルの女性たち（注1）（V・ジェラルダン）

家庭内暴力が起きているのはブラジルだけでなく、あらゆる国で、あらゆる宗教の下で、あらゆる社会・文化層で発生している。すべての女性に、家庭内で夫あるいは恋人から暴力を振るわれる可能性がある。昔、ブラジルでは、妻を罰したり殺したりする権利が夫に認められていた。後に国は、これを犯罪とし、他の犯罪と同様に処罰する責任があることを認めた。

「女性の権利プロジェクト」〔国際的人権団体ヒューマン・ライツ・ウォッチ〕は、家庭内暴力と国の責任に関する最初の報告書の対象としてブラジルを選んだ。ブラジルではこの問題がひっ迫しているからである。特に八〇年代初頭に巻き起こったフェミニズム運動で認識されるようになった家庭内暴力は、大きな社会問題の一つとなっているようだ。ブラジルではいまだに、妻の不貞を疑って夫が妻を殺しても、自分の名誉を守るための正当防衛だったとして無罪となることがある。

問題の一部はブラジルの刑事法にその原因がある。刑法典で、強姦は社会的慣習に反する犯罪とされ、人間に対する犯罪とはされないからである。その他の大半の性的暴行については、被害者が処女である場合のみ犯罪と見なされる。夫が性関係の維持を強要して妻に暴力を振るっても、法廷はそれは夫婦の義務であるとし、強姦とは見なさない。

歴史的背景

ブラジルにおける家庭内暴力に反対する運動は、軍部の独裁を背景にして起きた。七〇年代の終わりに解放が段階的に進み、一九八五年には文民大統領が選出されて新共和国が誕生、解放は頂点に達した。軍部の独裁体制下の政治犯に対する性的虐待、拷問に関する報告書をきっかけにして、暴力に関する全国規模の論争が起きた。七〇年代半ばにはいくつかの人権擁護団体が生まれ、女性も積極的に加わり、フェミニスト団体も増加した。中でも「SOS—女性」は、女性に対する暴力と闘う全国的な団体である。一九八五年八月、女性たちの努力が実り、「女性の権利全国評議会（CNDM）」が設立された。会長はジャクリーヌ・ピタンギイだった。一九八五年には女性に対する暴力犯罪のみを担当する警察署が創設された。一九九〇年には、このような警察署がすでに七四カ所設置されている。女性たちの継続的な運動にもかかわらず、ブラジル政府は、「女子差別撤廃条約（CEDAW）」の世界的徹底を監督する国連委員会への報告を果たしてない。

妻殺し

ブラジルでは一八二二年の独立まで、ポルトガルの植民地法によって男性に妻や恋人の殺害を許していたが、裏切られた女性には男性の殺害を許していなかった。ブラジルでは現在でも姦通は犯罪であるということがこの考え方を裏付けている。

妻の姦通によって男性の名誉がはなはだしく脅かされると考えるのは、男性が名誉の保持に汲々としている表れであり、ブラジル社会に深く根づいた感情である。一九一四年、女性は未成年者や高齢者と同様、保護監督を受ける者と見なされていた。一九三二年、女性は参政権を得た。そして一九六二年、夫の許可がなくても外で働けるようになった。

現在、法律上は名誉の防衛が認められていないが、社会規範では、男性が不実な妻を殺し、弁護士が名誉の防衛は正当防衛に等しいと主張すれば許される。殺人事件では、被害者からの不当な挑発的行為によって引き起こされた「激昂」は軽減事情になる。ブラジルでは、「激昂」と一時的な精神錯乱は同一の意味を持つ。妻の不実を疑って殺し、起訴された夫たちを無罪にするためにこの二つの論拠が使われる。被告人の弁護士は、被害者によって引き起こされた激昂のために一時的な精神錯乱となり、殺人を犯してしまった、と弁護する。

夫を殺した女性には重い刑が宣告される。男性と女性の刑の重さが違うのは、女性に対しての計画的犯罪とする判決を、男性に対しては一時的な感情による犯罪とする判決を下すからである。この差別的な扱いによって、被害女性は男性と同じようには法的保護を受けられないということになる。

加害者の男性が社会的地位の高い人物で前科歴が無い場合、一般的には身体的拘束を受けることなく判決を待ち、そして減刑される。

身体的暴力

身体に傷害を受けた被害女性は法医学研究所へ行き、その損傷の度合いを明確にしてもらわなければならない。重傷の場合は懲役一―八年、損傷がもとで被害者が死亡した場合は懲役四―一二年の刑が加害者に科される。加害男性の行為が故意でなかった場合、または被害女性からの不当な挑発があった場合は、刑は三分の一に軽減される。

女性が暴行を受けたと警察に訴え出ても、その記録を拒否されたり、貞節を疑われたり、責任は彼女のほうにあると言われるなど別のかたちで暴力を受けることになる。だから女性は自分の権利のために闘うのをためらってしまう。女性は夫から殴られてもかまわない物として見られている。訴えの七〇％が文書化される。判事は、夫婦だから和解するだろうと思っているし、またこういった暴行は犯罪とはしない。政治的・経済的支援の欠如、警察官による差別的な扱い、告訴する勇気がないことなどから女性の権利の法的保護の適用が妨げられている。被害者は訴訟が自分の人生に及ぼす影響を恐れて暴力の告発をためらう。被害者の多くが何人もの子どもを抱え、経済的に夫に依存している。すべては、女性たちが司法を信頼するかどうかにかかっている。スラム街の女性たちは日常的に暴力を受けながら暮らしており、性的虐待は普通のことと思っている。精魂尽き果てたときや命の危険があるときになって、最後の手段として警察に駆け込む。

強姦

強姦は慣例と風習に反する犯罪とし、個人に対する犯罪ではないとする定義は、社会のほうを重んじ、女性を被害者と見なしていない表れである。被害者が貞淑な女性かそうではないかの違いが重要となってくる。法律は女性が自由に性を行使する権利を認めていない。もし女性が処女でなかったり婚外の性的関係を持っていたら、強姦されたことを立証するのは難しい。

強姦で有罪となる男性は、性暴力の前歴を持つアルコール中毒者あるいは麻薬中毒者、失業者等々、強姦者のステレオタイプに合致する人間ばかりである。酒を飲まない男性、「優しい」男性、働き者の良い父親は無罪となる。裕福で申し分のない家庭から強姦者が出るとは想像できないのだ。

暴力の痕跡がなければ、裁判官や警官は、被害者が十分に抵抗しなかったと見なす。法廷では被害者のほうが責められていると感じる。女性に暴力の痕跡がまったくない場合は、自分自身で強姦が事実であることを立証しなければならない。売春婦の場合、加害者の有罪判決を勝ち取るのは現実的には不可能である。

アメリカ合衆国では、被害届のあった強姦の六〇%は顔見知りによる犯行である。ブラジルでは、夫婦間の強姦は犯罪とならないため、告訴件数は極めて少ない。民法では、性関係は夫婦間の義務であり、性行為の拒否は別居の理由となる。だから夫から性関係を強要される女性は、それは免れることのできない義務だと考える。強姦されているように感じながらも、妻の義務だと思っているのだ。

ブラジルでは家庭内暴力が深刻な社会問題であり、ひっ迫しているにもかかわらず、処罰されることもなく、男女差別も続いている。政府は早急に解決策を講じるべきである。

――ブラジルの女性たちは政府に対し、男性も女性も、すべての市民への法律の公正な適用を要求する。裁判所はたとえ弁護士が「名誉の防衛」を論拠としても、それは法律で認められていないことを陪審員に説明しなくてはならない。強姦は人間に対する犯罪として位置づけ直さなくてはならない。

――ブラジルの女性たちは、女性に対する犯罪の全国統計の見直しを行い、より正確な情報を明らかにするよう求める。

◆政府は、女性保護警察が女性殺害事件を「捜査」できるように権限を与え、警察官の育成と、その経済的・政治的支援体制を確立すべきだろう。

◆法医学研究所（ＩＭＬ）は都市部に設置されているが、都市以外では医師や性犯罪の専門家が不足しているから不正確な報告書が多い。法医学研究所を地方にも設置し、さらに女性医師の採用も行うべきである。

――夫を告訴する決意をしても、妻は夫と一つ屋根の下に住み続けなくてはならない。それは被害者にとって危険であるから、司法の助けを求める気がそがれてしまう。

◆ 貧困女性のための法的援助が拡大されなければならない。

2 コロンビアの家庭内での女性に対する暴力(注2)(A・サンチェス(注3))

生存権の侵害

夫の暴行で妻が死ぬ場合がある。直接的に、あるいは虐待からの自殺で、間接的に。家庭内暴力を受けている女性の自殺はそうではない女性に比べて一二倍も多い。

家庭内暴力による女性の死亡は、夫からの長期間にわたる、次第にエスカレートしていく暴力の結果である。新聞の三面記事の調査から、暴力を振るう夫に耐えている女性はその期間が長くなるほど重傷を負う危険が増すことが証明されている。

この状況に終止符を打つには、暴力によって自分の妻の身に深刻な結果をもたらした加害者を厳罰に処すべきである。特に妻の生命を危険にさらす極度の暴力については、家庭を保護する責任があると宣言している国の当局者にあくまでも要求しよう。こうしたさまざまな形態を取る低劣な暴力行為は、被害者の心身の健康を保つ権利に反するものである。

女性の自由の侵害

世界人権宣言は第一条で「すべての人間は生まれながらにして自由で平等である」とし、第三条で「すべての人間は自由権を有する」と明確にしている。

夫婦間暴力は人権の侵害である。夫が妻に、家事育児がおろそかになるからという口実で外出を禁止する。この禁止は働く権利や学習する権利にまで及ぶことになる。感情に訴えて脅迫することは、家庭とは別の領域で活動したいと思う女性の可能性を制限することだ。

社会的文化的圧力は男性に有利に働く。男性は、妻が経済的、政治的あるいはその他の事柄で決定をするとき、妻の意思に干渉する。

家族計画についての女性の人権の無視

一九七九年、「女子差別撤廃条約」は女性の権利の世界宣言とされた。条約では家族計画は女性の健康と密接に関係づけて記述されている。出産の役割に加えて、社会的生産活動に従事する女性たちは、医学的に見て、抵抗力が弱くなるからである。(第一二条、第一四条)。

夫婦関係で権限を持つ男性は、女性の従順さと受動性に乗じて主導権を握り、子どもの数や出産の時期を決める。が、その特権には必ずしも子どもたちの扶養は含まれていない!

夫婦間暴力の問題は二〇年前から世界各国で調査研究の対象となっている。この現象が広く認知されるにつれ、研究は原因分析やその原因が世界にもたらす社会的費用と個人費用を明らかにする方向に進んでいる。

国ごとにさまざまな措置を講じながら熟慮すれば、この問題に立ち向かう方法が見つかるだろう。国連の資料では、こういった夫婦間暴力の問題を、女性の地位に関する諸問題の一つとして扱っている。

努力によって問題解決に向かっているが、この問題は明らかにされていない未知の部分があまりに多く、関係当局の迅速な決断どころか、意思表明を期待することさえも難しい。未だ途上にあるこの研究は、理論と実践の二つの方向で進展させていくべきだろう。

3　証言（V・ジェラルダン、T・ラロワイエンヌ＝メルカド、A・サンチェス）

悲しい目をした天使(注4)――ブラジル（一九九二年）

六歳から九歳まで叔父と性的関係にあった女性の証言である。夜だったとおもう。ベッドに寝ていた。横では妹たちが眠っていた。「そのとき私は病気だったような気がします。座っていた叔父は、私の手を導いてマスターベーションをしました」精液を見たのはそのときが初めてだった。その口には唇がほとんどなくて、ただ割れているだけだった。

それ以来彼女は悩み抜いて、告解した。「神父様、私は叔父さんと悪いことをしました」。二人の自分がいるような気がした。いつも嘘をつき、ごまかす自分と、過ちをたくさん犯した本当の自分。

「これが子ども時代の私の思い出です」。

沈黙する。妹や従姉妹たちに同じことが起きたとしても、きっと沈黙を守るだろう、と彼女は今も思う。三年間、告解室の暗闇の中で同じ言葉を繰り返した。そのことを初めて他の人に話したのは一六歳のときで、恋人にだった。現在の夫である。そして一八歳のとき母親に話した。母親は激怒した。

「私が叔父と二人きりで行った旅行のときのことです。数時間の間、私は車の後部座席に座り、車窓にぴったりくっついていました。叔父は自分の横に座るように言いました。私たちには、性的関係以外にも暗黙の了解がありました。彼は辛抱強い性格で、子ども好きでした」。

川に行こう、と叔父に誘われて行った日のこと。いつも子どもたちが泳ぎに行くあの川だ。言葉の裏にはふたりだけに分かる暗号が隠されていて、そのことを口に出すことはなかった。彼女は叔父と川に入って泳いだが、何事もなく意気揚々と上がることができた。しかしいつもそんなふうに上手くいくとは限らなかった。逃げ道はないと思い込んでいた。今、それがなぜだか分かる。「子どもにすれば、大人から言われることは何でも可能なこと、良いことだと思ってしまうからです。ある意味では自分が保護されているように感じていました。そばにいつも親戚の誰かがいる。何もおかしなことはないと思っていました。」（略）

（略）「私の子ども時代は、孤独、過ち、葛藤、孤独、過ち、葛藤の繰り返しでした。それは私に重く、重く、重くのしかかり、気が滅入ります。自分ではどうすることもできないこのような体験をした少女ほど不幸なことはありません。子ども時代から思春期にかけてのすべてが、叔父との関係を解消することに集中していました。私のエネルギーのすべてがそのことに費やされました。

悪いことをした自分と、悪いことをしていると思う自分、どちらの自分も罪を犯していたのです。なぜなら秘密を固く守っていましたから。私の中に自分を疑うメカニズムができました。本当の私はいつも後ろめたさを感じていました」。

「今、私は私。四〇歳の女。自分の権利を主張できる。自分が好きです。私は六歳から九歳の少女時代に戻り、失ってもう取り戻すことのできない子ども時代のために抗議します」。

殴られる妻たちの証言—グァテマラ（一九九三年）

アルマ　二一歳

一四歳のときに結婚。三歳の娘が一人おり、現在妊娠六カ月。顔色は真っ青で、その痩せかたが体調の悪さを、なりふり構わない様子が精神状態の悪さを物語っている。

夫の虐待が始まったのは結婚して三カ月経った頃からだった。ある日の夕方、夫は酔って帰り、彼女は身体中を蹴られた。特に頭をひどく蹴られた。「もし義理の兄弟たちが取りなしてくれなかったら殺されるところでした。頭をあまりにも強く蹴られたので、その日からひどい頭痛が続いています。医者にかかっても治りません。夫の暴力は相変わらずで、毎週殴られます。拳で殴ったり、足蹴りしたり、斧で叩くことさえありました」。

ジュディス　一四歳

未婚。現在、ソロラ地方にあるプロテスタント系学校の初等科第四学年である。両親は彼女が幼い頃亡くなった。それ以来、親戚の家で暮らしていたが、その後は、結婚している一八歳の兄の家で暮らしていた。その兄に虐待されていたのである。

「兄は、私の学校の成績が悪いとき、私の家事のやり方が気に入らないときなど、何かにつけて私を殴りました。最後の頃は、ビニールホースで打たれました。あまりにも強く打たれたので、私の両腕、両足、顔は腫れ上がりました。」……「姉の家でもまた同じことをされました」。

一二歳のとき、彼女は子どもたちを世話するためにある家庭にやられた。しかし、そこでも年長の少年たちから強姦された。

クリスティ　五七歳

アナティトランに住む看護助手。カトリックの信者で、結婚三〇年。子ども二人。息子は結婚している。娘は二四歳、独身で親と同居。クリスティは、これまでの非常に辛かった暮らし、絶えず泣いていたこと、いろいろなことに耐えてきたことを語った。「私は今までずっと、真実を隠すために青あざだらけの顔や腕、足を隠してきました。ところが世間は皆知っていたのです。最悪です。何年か前、私が夜勤明けで帰ったとき、夫が酒に酔っていたのでベッドに寝かせようとしたところ、私を殴り始めました。そのとき私は顎を骨折しました。他の日の夕方、テーブルを投げつけられて頭に傷を負い、病院に行って傷口を縫ってもらいました。夫は、私と子どもたちが中にいるのを知りながら家に放火しようとしたこともあります」。

「少女メイド」というものが存在している(注5)(パラグァイ)

「私の国ではよくあることですが、田舎のほうでは親が自分の娘を首都の家庭にやり、家事手伝いをする代わりに面倒を見てもらったり学校に行かせてもらったりするのです。

いったん奉公先に着くと危険と暴力にさらされ、精神的にも経済的にも助けてくれる人もなく、ほんとうに途方に暮れます。

ほとんどのケースで、そういった「少女メイド」は、雇い主やその息子による性暴行の犠牲者となっています。虐待を受け、とりわけ暴行や体罰といった身体的暴力により傷を負います。少女たちは搾取されたうえ、粗末な食事しか与えられないので健康を害していることが多いです(たとえば感染症など)。

そこから逃げ出すことができて、虐待されたことを女性のための警察署に告発する少女もいますが、雇い主が処罰されることはありません」。

近親姦の証言(注6)(ペルー)

「私は一六歳です。去年中学校を卒業してから、ずっと家にいます。母は朝早く仕事に出かけ、夕方六時頃帰ってきます。弟たちは日中は学校に行っています。父は工場で八時間交替制勤務の仕事をしています。

ある日私が家に一人きりだったとき、父が朝九時頃帰ってきました。父は私のほうに近寄り愛撫を始めました。すごく怖かった。これは変なことじゃないが、母さんに言ってはいけないと言われました。もし言ったら、一一歳だった妹にも同じことをする、とも言いました。私は妹には触らないでと頼みましたので、父は私を自分のしたいようにしました。

そういった関係が三年間続きました。最後の時、私は拒否しました。すると父は私を殴り、殺すぞ、と脅しました。私はすべてを祖母に話し、祖母は母に話しました。母はそれを信じませんでした。祖母が、母が警察に訴えないなら自分が行く、と脅したら母は父に話しました。父は事実を認めましたが、その日、家を出ていきました」。

（訳　迫　絹子）

（注1）《Injustiça criminal-A violência contra a mulher no Brasil》-Americas Watchより
（注2）《La violence y los derechos humanos de la mujer》: Servicio de Consultoria Juridica Familiar, Ed. PROFAMILIA (p.41-57). Bogotá, Colombia 1992.
（注3）チリ女性団体(COFECH)の会長
（注4）MULHERIO No7, 一九九二年五・六月号に掲載
（注5）Laura Zárate（「共同体教育と支援の基地」メンバー）、Dec. 1993, Magazine No.14, *La Porte des Femmes*.
（注6）雑誌*Viva*より抜粋

第Ⅳ章　アフリカ

1 マグレブ(モロッコ、アルジェリア、チュニジア)の女性たち

フランソワーズ・ドーボンヌ(注1)、「RISFA」、レイラ・セバール

1 マグレブの女性と国際私法（F・ドーボンヌ）

「国際私法」〔国際結婚や貿易取引などのような複数の国に関わる渉外的私法関係を処理するにあたり、いずれの国の法律を適用するかを定めた法規〕は、国内法では特殊な位置づけをされている。〔さらにフランスとマグレブ諸国は、旧宗主国と旧植民地の関係から個別に「二国間協定」を締結している〕。国際私法の「適用」に際して厄介な問題が持ち上がるのは、二国間協定による当事国の意志や圧力が働くからであり、それがマグレブの女性に対して非常にあいまいな法的解釈をもたらす原因となっている。ほとんどの場合、この二国間主義の意味するところは、フランスの法律に照らすことではなく、ほぼ決定的に慣習に則するということである。結局のところ、決定権をもつ裁判官の自由裁量に任されてしまう。

協定はイスラムの教えに固執する圧力団体の活動によって侵害され、その結果、地域のしきたりと西欧諸国の国際的法規制との不統一が噴出する。この二国間協定は、一般市民、ましてや女性市民を排除して行われた協議から生まれたものであり、その内容は「女性の権利に対して少しも配慮していない」（ソフィア・ラハル＝シドウーム）。

マグレブの女性の地位に対する国際私法の効果のいくつかを挙げておく。

チュニジアでは「メイジャラー」〔身分法〕が一夫多妻を禁止し、夫からの一方的な妻の離縁を認めず、結婚の挙式の際に「嫁の後見人」は必要とされない。

モロッコの「ムダワナ」〔身分法〕とアルジェリアの「家族法典」では、この「嫁の後見人」が必要とされる。それはヴァリと呼ばれ、きまって男性である。ムダワナと家族法典は一夫多妻を黙認し、慰謝料なしで嫁を離縁することを許可する。

以上の三国では、寡婦資産〔亡夫の財産に対する寡婦の権利〕を結婚の条件のひとつに定めている。さらに妻は夫に服従の義務があり、婚姻が解消された場合は、実の父親だけが娘についてすべての権限をもつことになる。法律により女性は男性の相続分の半分しか受け取れない。

一九八二年二月にフランスの控訴院の判事は、国際私法の適用が慣例となっているにもかかわらず、フランスの法律では違法にあたる夫からの一方的な妻の離縁を認めた。

他方、マグレブの法律では、チュニジアを除いて、婚外子を認めていない。マグレブ地域でもっとも西欧化されているチュニジアでは、非嫡出子は母親の遺産を相続する。

イスラム法の適用の例として、混宗婚〔カトリック信者と他教派信徒の結婚〕の場合をみると、フランス政府はモロッコ女性の権利を完全に否認する二国間協定を締結しているのがわかる。それは、ある意味でモロッコ在住のフランス女性の権利を認めないことにもなる。したがって離婚の場合、とりわけ子どもが係わっていると果てしない法律上の空理空論がわき起こる。また、フランス人の妻がイスラム人の夫の家族により窮地に追い込まれてもなんの手立てもなく、あるいは自分の子どもと引き裂かれても救援を得られない、というような事件が起こる。

このようなケースでは、数年前、独立した女性としての誇りと自立を失うという代償とひきかえにした混宗婚で生まれた子どもを〔離婚後〕再び手元に呼び寄せることを諦めなかったフランス女性たちを、フランスの警官が殴りつけたことがあった。

しかし当事者の身分〔国籍〕とその法的能力〔資格〕を規定する法律を調べてみると、マグレブの女性に関しては、こういった権利の侵害に対する「黙認」はいつも女性を犠牲にして行われていることがわかる。

フランスの司法当局が策を弄した宗教論議や調停工作によって、イスラム法の「ひとつの範疇」の製造機関となっている事実をどう呼んだらいいのだろう。法的暴力と呼ぶほかはないではないか。

一夫多妻婚に法的効力が認められるものなら、この婚姻形態をフランスで禁止したところで、いったいなんの役にたつのだろうか。

また、フランスで夫からの一方的な離縁の宣告が法的に無効となっても、イスラム法ではその離縁宣告は法的に認められた結婚の解消を承認するのに十分とされる。

このような場合、必ず「公共の秩序」という決まり文句が持ち出され、それを熱意ある裁判官が勝手に解釈する。こうして自由裁量がまかり通り、女性の権利が反古にされてしまうのである。

家父長制による暴力の最たるものは、法的に認められた女性の権利ですら男性の意のままにどうにでもしてしまえることである。各地の女性がこのような脅威をはっきりと自覚し、女性を劣ったものときめつけ、侮辱し、隷属状態に押し込める法律の適用に対して、たとえそれが他国の法律であっても、女性は一体となって抗議すべきだろう。

2 モロッコの女性・現実の否定（F・ドーボンヌ）

一九九三年、モロッコの外務省は「SOS性差別」にパンフレットを送りつけた。それはモロッコ女性の地位が確実に上昇中であるかのように紹介し、「われわれの友、モロッコ王」の臣下である女性の家族内での地位の低下と抑圧を隠蔽しようとしたものだった。(注2)

パンフレットは、モロッコ女性に性器切除が課されていないことから（それは感心すべき事実だが）、躍起になって「性差別闘争の勘違い」、つまり積極的な女性解放運動を逆に糾弾しようとしている。著者は、反動的な人種差別主義者におきまりの語調で、当の女性臣下に有利な条件は「差異にある」と強調する。

だが慎重を期して著者は、彼の言による「法の時代錯誤」（それは「だれ」によって制定され、施行されたのか）や「男性の抵抗」があることを認めている。女性は「妻―母―姉妹」として高く評価され（原文のまま）、「命を生み出す奇跡」を成し遂げるのである。要するに、経済的にも社会的にも目覚ましい発展を遂げていた両大戦間（一九一八―三九年）の西欧の人々を昔ながらの規律にふたたび従わせようとした宗教家や家族主義者の発言とほぼ同じと言えるだろう。

このパンフレットの三ページでは、婉曲な言い回しながら、モロッコの発展を抑制するものはなかでも「行政と宗教当局の無能さ」であり、そのために近代化をはかれず、「女性の才能を生かせずに後進国から脱却できない」のだと認めている。それでもなお同じ三ページで、「宗教教育を重んじる」のは女性に対する神命だとしている。だが、いったいだれが女性たちを疎外し、蒙昧主義に凝り固まった国にしてしまったのか。

その先のページでは、過去の女性の功績をたたえ、とりわけ「独立後つつましく家庭内に止まった」女性を賛美している（八ページ）。次のページでも同じ調子が続く。「地味な存在。女性は表に出ずに陰で働く……」。簡単に言えば、モロッコの宗教文化裁判所は女性に関してあいまいな態度をとることで矛盾に陥っている。つまりいくらかの努力をして近代化へ移行中の国であるような印象を与えながら、一方でイスラム法のもとで女性を貶め、屈従させることを阻止できない国だと証明している。

法学部教授のアシア・ベンサラー・アラウイは、次のように認める。モロッコ女性は「母親であればいたわられるが、娘であればあらゆる心配事の的で、妻となると苦労が絶えない」。さらに「女性はこれから人間として完全な権利を保障された地位を獲得しなければならない」と率直に認めている。単純明快、このうえなしだ！

次に、このパンフレットでもっとも注目すべき意見を紹介しよう。

「伝統をよりどころにすると、なぜムダワナが夫婦の性別分業を支持し、家庭の運営を夫に委ねるかがわかる。妻は夫が承知した場合にのみ働く権利を行使できる」

モロッコの憲法十三条ではどのように規定されているかというと、

「すべての市民に働く権利がある」となっている。

女性の働く権利があらゆる法律条項で認められているにもかかわらず、それを制限するという暴力。この暴力も、全世界の女性に加えられる身体的暴力、性暴力、公民権を侵害する暴力を検証した私たちの報告書に加えることを忘れてはならない。

（「伝統をよりどころにする」とは、経済的不平等についてもいい口実になる！）

しかし、それですべてではない。公務員職では女性の地位は、「特例を除いて」、男性と平等だと見なされているが（?）、都市部よりずっと伝統から抜け出せないでいる農村部では、早婚、夫からの一方的な離婚の率の高さ、結婚の強制（「夫を選ぶうえで両親が口添えする」と遠回しに呼ばれている）、夫および父親の地位の優位、高く評価される多産性、などが見受けられる。要するに、不平等や女性に対する抑圧を引き起こすあらゆる要因が揃っている。その中のひとつだけをとってみても、女性を生涯にわたって保護や監視つきの被後見者の立場におくのに十分であろう。(注3)

この宣伝パンフレットの最大の誤りは、以下のような歴史的事実の歪曲といえる。

「イスラムは、一夫多妻を制限した最初で唯一の宗教である。モーゼもイエスも妻の数を制限しなかった」。（原文のまま）

この一節にみる虚偽の主張があまりに信じがたいので、私たちの協会からモロッコ大使に反駁したが、もちろん返事はなかった。(注4)

ところで、モロッコ女性のうちで高等教育終了者は一九八八年の免状取得者では男性をしのいで過半数となったが、農民女性では一九九一年現在で八七%が読み書きができない（モロッコの出生率と家族計画についての一九九一年の全国調査）。失業で最初に犠牲にされるモロッコ女性は、男性と比べると、非近代的で組織化されていない職場で働く場合がずっと多い。当然のことながら、それが女性の文化的向上の高い障壁となっている。出生率をみると、教育を受けられなかった女性は教育を受けた女性の二倍も多産である。

次のようなデータも無視してはならない。それは、いたる所で女性に加えられる精神的あるいは身体的暴力のむごたらしさをいっそう鮮明に示している。

「女性は世界の人口の半分を占めるが、人類の労働時間の三分の二を担っているのに、総所得の十分の一しか受け取れず、世界の財貨の百分の一も所有していない(注5)」。

この種の経済的および社会的暴力は、別の暴力を引き起こす土台となりかねない。

それにもかかわらず外務省職員のスリヤ・ウマニは、パンフレットの三四ページでこう述べている。

「女性は一般に弱者のようにみなされるが、そのやさしさによって自らの価値を認めさせることができた」(原文のまま)

「ムダワナ」の規定

妻に有利な条項は、夫の監視を受けずに自分の財産を自由に使える権利を認めた条項だけである(三五条)。

他方、夫には複数の妻がいてもよいが、妻は貞節を守らねばならず(三六条)、夫に従順で、義理の家族すべてに敬意を払わばならない。夫の方はといえば、「礼儀に欠けない範囲で」妻の身内を受け入れさえすればよい(三五条)。

一〇二条では、男子は思春期まで、女子は結婚の完遂まで親の支配下におくと規定している。

相続について、一定の配分しか受け取れない人々は、母親、祖母、妻、異父姉妹の四つのカテゴリーの女性である(二三三条)。

同じく、四つのカテゴリーの女性が、ある時はファルドゥ(一定の配分を受ける)、またある時はアセブ(法的に定められた相続分を受ける)とみなされる。娘、孫娘、実の姉妹、異母姉妹がこれにある。

婚家を離れた女性は、判事から夫の家に戻るように宣告されたのにそれに従わなかった場合を除き、扶養手当を継続して受け取れる。

二六一条では、相続に関し、祖父母、母親、同母または異母姉妹間で競合がおきた場合は、母親が三分の一を、残りは祖父母と姉妹で分配し、男性には女性の二倍を与えると規定している。

3 アルジェリアの女性の社会的地位（F・ドーボンヌ）

アルジェリアのイスラム教徒の女性の社会的地位とそれがもたらす深刻な影響が以前から問題となっている。今世紀初頭、ナダーという近代化運動がアルジェリアに根づいた。それは生産の発展、生活慣習の改善、女性の解放を目指すものだったが、失敗に終わった。この問題について、一九二五年に作家でイスラム文化の専門家のベッシエール神父は、〈近代化をもたらす〉キリスト教宣教団に抵抗したのは、イスラムが近代化の問題に関して頑なであるからだとしている。彼は、作品の登場人物のひとりのアイシャにこう言わせている。

「ルーミ〈イスラム教徒がキリスト教徒を指していう語、ここではフランス人〉が私たちの束縛を断ち切ってくれるはずだった。ところが彼らはかえってずっと束縛を強めてしまった。やつらこそ地獄へ落ちろ！(注6)」

一般にカビリア〈北部の肥沃な地中海式山岳農業地帯〉は非常に開放的な地方だと思われている。

というのも女性はベールをつけず、古い伝承には母権的なところが見られるからである（マホメットと闘った「ベルベル族のジャンヌ・ダルク」といわれた女性戦闘隊長のハディジャが思い出される）。だが、現在の反イスラム運動の女性リーダーのひとりのハリダ・メサウディは、「カビリア地方はまだまだ遅れている。カビリア女性がそれまで男性に独占されていた相続の分け前にあずかれるようになったのは、逆にコーランに影響されたおかげなのだ」と主張している。(注7)

イスラム原理主義が猛威をふるう今のアルジェリアでは、犠牲者のリストは拡大するばかりである。もっともアルジェリア政府は、独立へ向けての国民一丸の戦争を通じて獲得した権利を女性から取り上げるために、「髭面たち」（原理主義者）を必要とはしなかった。平和条約が締結されると、直ちに女性ゲリラ兵士を家庭に送り返した。一九八四年の「家族法典」の制定により、アルジェリア女性は永久に未成年者の境遇にひき戻されてしまった。学業も仕事も旅行も父親、兄弟、夫の許可がなければできない。二〇世紀も末というのに、このようにきわめて屈辱的でまったく時代錯誤な女性の状況に加えて、原理主義者はさらに憎悪を募らせ、組織的迫害で追い打ちをかけた。結婚の強制、監禁、「一時的婚姻」と称するレイプ、ついには拷問したうえでの殺害、これが人類の半分を占める女性に定められた宿命である。とはいえ女性をすべて抹殺することはできない。なぜなら息子が必要だからだ。だが、できる限り女性を人目につかないように押し込めておくことはできる。タグー（西欧人を意味する蔑称）のように振る舞おうとしたら、苦しませてやろう。

そして少女を誘拐し、山中に立てこもるテロリストに引き渡して集団レイプさせることが日常的に行われている。母親たちは、娘が殺害されたと知らされるよりも、たとえ精神的におかしくなっても病気であっても、運よく戻ってこられるようにと沈黙を守ろうとする。家族が抗議したりすれば、「ゲリラ側」は賠償金を払おうとしたのに無視したから、と娘を殺害してしまうことがある。三月一三日、忘れがたい事件が起きた。イスラム過激派が一六歳の少女を授業中に誘拐し、中学の校門の前で彼女の喉を切って殺害した。それは、ほかの少女たちに家に引きこもっているようにと教えるためだった。一五日、今度はアルジェから二五キロ離れたラアルバの女性裁判所長が銃で撃たれて死亡した。一六日には、アルジェのスーパーマーケットの前の駐車場で三人の少女が殺害された。二〇日、三六歳と三二歳の二人の姉妹、フリアとラシダが殺された。アルジェリア・テレビの秘書のウリアは身をもって妹を守ろうとしたが、かなわなかった。

まさにホラー映画のような光景！　一九九四年一二月にエル・ハラシュ郊外に住む女性公務員が殺害され、手足を切断された。犯人たちは彼女の首を切断し、その胴体に男の頭を縫いつけるという方法でみせしめにした。

この残酷な異常行動にはある教えが含まれている。一方では、斬首することで死者が来世に行けないようにする。他方、男の頭を選ぶことでひとつのメッセージをこめる。つまり、お前は男のように振る舞おうとした、なぜならお前は職業に就いているからだ。だからお前の女の体に当てつけとしてこの罰を押しつけるのだ！

女性にできる唯一の抵抗は、いかにも思い切った行動だと言えるが、「以前と同じように生活する」ことである。化粧をし、ベールなしで短いドレスを着て、買物に、さらに大胆にも仕事に出かけていく女性たちの精神的緊張と絶えまない不安のほどがわかる。彼女たちは、その日の夜まで生き延びられるかと自問していることだろう。

そもそもアルジェリアの政権に第一の責任がある。原理主義者を「なだめる」ために独自の家族法典を承認し、あげくに知ってのとおり、日々のテロ行為と暴動という報いを受けている。ここ一〇年、ハリダ・メサウディは家族法典の廃止を目指して悪戦苦闘している。一九三七年に「ひれ伏して生きるより立ち上がって死のう」というスローガンを掲げた、反フランコの女性闘士で雄弁で知られたラ・パッシオナリア（本名ドロレス・イバルルリ）と同じように、彼女も「立ち上がろう」と指令をだした。ときどきパリに息ぬきにくるが、彼女は亡命を拒んでいる。「死ななければならないとしたら、祖国で死にたい」。だが情勢が非常に緊迫しているので、テロリストが襲撃してきたら、彼らとともに爆死するために手榴弾を携帯しようかと思っている。「でも、友人たちはそんなこと聞きたくもないそうよ(注8)」。

4　アルジェリア女性は自分たちの闘争の理由を明らかにする（RISFA(注9)）

アルジェリア女性の権利闘争は、アルジェリア社会の選択、すなわち民主主義実現の一環を成すものだ。完全な市民としての女性の地位は、民主主義を民主主義たらしめる重要な条件のひとつである。——イスラム原理主義による社会改革計画において、女性問題は主要な争点となっている。一九九二年の総選挙の結果の無効宣言の以前から持ち上がっているこの問題は、社会的領域に対する全面管理への意志を反映している。つまり、女性の地位がまったく変われば社会も変化することになるので、女性問題を通して社会を管理しようということなのだ。

イスラム原理主義者にとって、社会の全面管理とは厳密な男女の分離による秩序の回復を意味する。つまり女性はもっぱら私的領域に、男性はもっぱら公的領域にと分離すれば、社会に「失われた団結」をとり戻すことができる。どうしてこの「失われた団結」は生じたのだろうか。いま、女性はある程度まで私的領域から抜け出している。就学、避妊知識の入手、就業などを通じて、制約があるにしても女性の地位が実質的に改善されたためにそれに対する抵抗が起こり、また原理主義者が熱心に擁護してきた「価値観」を回復しようという考えが生じた。イスラム原理主義による計画の役目は、現実の生活レベルでも象徴的レベルでも、女性のこうした進出を白紙に戻すことである。

彼らは「解放闘争」をよそおっているが、実際には女性の奴隷化の闘いを行っている。彼らに言わせると、女性は汚れてしまったのだ。多くの場合殺害にまでいたるレイプが増加するのは、悲劇的で気違いじみた方法で女性の肉体にこの汚れを刻みこもうとしているからであろう。彼らは歴史を否定して、神話の時代への回帰を訴える。そこでは伝統的な性別による序列、貞節、男らしさ、女性の服従ならびに純潔といった社会のあらゆる「価値観」が機能していた。アルジェリアが苦しんでいる社会の大混乱と目標の消失はその価値観の消滅が原因に違いない、と彼らは考える。

そのうえイスラム原理主義のイデオロギーは、物質的・経済的基盤を失っても社会的表象としては機能し続けている家父長制モデルの、いまだに広く浸透しているイデオロギーを強化させることになる。この家父長制モデルでは、女性は産む性とみなされ、生殖は結婚の最高の目的と考えられている。女性の役割についてのこのような考え方がアルジェリア社会に残っている。それは男性の生活行動に隠されているし、近代的な考えの持ち主と称する男性のうちにも見うけられる。家父長制モデルが女性に関する政治的言説の根底にあり、つまるところその言説を決定づける。そして国の発展に向けての「戦い」などのような重要な課題がいつも優先され、女性解放は後回しにされる。本当のところ、独立以来の歴代の政府が民主社会の実現を停滞させ、当然の成り行きとして女性解放が実質的に停滞したととらえ直さなくてはならない。住民が実際に参加するあらゆる運動を抑えこみ、経済と技術の分野では近代化を、社会・文化的レベルでは伝統を切札にするという共存策を選んだ「経済主義」が礼賛されなかっただろうか。その中で社会の矛盾が激化し、国民全体が完全な市民としての権利を行使することを拒否されてきた。女性は男性と対等だとする憲法による権利と自由の規定がある一方で、時代遅れの「家族法典」では終身の無能力者だ。これこそうってつけの例といえよう。――したがってアルジェリア女性の闘争運動では、人間性を否定する反啓蒙主義的な考え方やその思想に捉われている法的基盤と縁を切るために、独自の異議申し立てをしなければならない。それは、一九八八年一〇月の暴動〔物価上昇に抗議する労働者のストに端を発した暴動が起こり、非常事態宣言が発令された〕のあとに独立した運動として明確な形をとることになった。というのも、国民の半数、すなわち女性が未成年者のような二次的な地位しか得られないあいだは、民主的な社会や市民権の行使など語ることができないと考えられたからだ。

私たちには、一九八九年一一月三〇日と一二月一日に全国女性会議で決議された基本方針、つまり「女性抑圧の現状の確認と活動プラン」が行動計画として適しているように思われる。

独立した運動だからといって、民主的な党派を排除するものではない。それどころか基本方針では、これらの党派に「人権の不可欠な要素である女性の権利の問題について意見を表明し、女性の権利の尊重に向けて尽力する」ようにはっきりと呼びかけている。つまり運動の独立性は、権利の獲得に向けて女性の視点に立った戦略を作りあげるのに必要だということである。権利の獲得によってのみ、「民主主義」と「近代化」という言葉に実際的な内容を盛り込むことができる。先行きこのような独立系の運動には、女性運動の発展と飛躍を促進し、また特定の政党のために女性団体が道具として利用されないように、政治的な対応が必要となるだろう。

アルジェリア女性には重要な争点や危険など、独自の打開策を要する問題があり、それは女性の連帯ネットワークのレベルで解決をはかるべきで、テロ行為の停止だけでは解決できないだろう。

アルジェリア女性とフランス女性との地理的、歴史的、文化的違いがどうであれ、闘いは共通のものだとＲＩＳＦＡは考えている。さらに私たちにとって、政治的支援と物質的支援のあいだに矛盾はない。女性は、女性に割り当てられた「個人的なことは政治的」であり、「政治的」なものは「個人的なもの」を排除しては成り立たないことがよく分かっている。したがって、故国を離れざるをえなかったアルジェリア女性のためのフランス居住ビザの取得、住居や職場の確保の闘いは、彼女たちの闘争への支援と切り離せないのである。

5 処女膜、女性は戦利品（L・セバール）

実体の見えない戦争、この戦争の最大の争点は女性であり、その心とからだである。そこでは女性は「人間の未来」ではなく、女性はからだも心も男性の財産となっている。戦時に、女性にどんなふさわしい場所があるだろうか。母親としてか、売春婦としてか。兵士を産み、その戦死を悲しむ苦痛の床か、強姦者の兵士を喜ばせるために寝る、戦士の床か。平和時には黙認される程度のものだったことが、武力闘争でさらにひどいものになっている。なんと女性のからだは今でも戦利品として機能している。抜かりのない父親の同意のもとに、ある家族から別の家族へと徴収される合法的な戦利品。それは男と男のあいだで財産を交換する契約である。女性の処女膜は父親、兄弟、家族、親戚、部族のものなのだ。

ところで、あちこちで偽の処女の証明書が発行されていることを忘れてはいけない。初夜の出血の跡のあるシーツの公開は消滅しつつあるが、証明書自体は安全のためのパスポートとなっている。どれほどの医師が、純潔を失ったことによる悲劇を避けるために、処女膜を縫合しなければならなかったことか。処女かどうかを問題にするのは今日でもあたり前のことになっている。その証拠に、数カ月前にフランスの高校に在学するイスラムの女生徒の兄弟が、公立学校でのスカーフやベール着用の禁止に抗議して、「スカーフは私たちの名誉だ」と書いていた。スカーフ、ヘジャブ〔顔を覆う黒い頭布〕、それは姉妹たちの処女膜なのだ。青年闘士たちは、この言葉を赤い文字で記した横断幕を掲げて、姉妹たちの名誉を振りかざしながらパリの公道を行進した。ある者はパレスチナの抵抗運動のシンボルのカフィエ〔ベドィンの頭巾〕をかぶり、またある者はイラン風に抗議のしるしとして額に白い鉢巻きをしていた。この若者たちは、一〇年ほど前、ヘジャブをつけず兄弟たちと同じようなジーンズとバスケットシューズの姿の姉妹たちと並んで、フランスの街路でバスケットシューズにカフィエのスタイルで平等と正義を要求していた若者たちの弟の世代にあたる。

いま、青年たちは信仰に目覚め、乙女の純潔が街頭の邪悪な好色の目にさらされていることに気づき、最愛の姉妹たちのからだと心を守ろうとしている。兄弟たちは家族の女性たちの処女性、つまり神聖な処女膜を守るために存在する。そうすればだれもが結婚の夜に、初夜の床で男の求めに素直に応じる、道徳にかなった、初々しい処女を迎えることができるからである。

もう一方で、兄弟たちは兄弟同士で戦っている。正当な権利として、女性の純潔は彼らのものだ。だが彼らは神の兵士であり、戦利品を取り引きしてはならない。とはいえ女性は数少ないし、その大切な処女膜は信仰の証明として神のゲリラ戦士に捧げられる供物である、と彼らは言う。女性が彼らの神聖な理屈に従わなければ、彼女たちをさらってくる。征服者は自分の所有となったもの、すなわち神聖な戦いでの神聖な戦利品を好きなように利用できる。彼らは神の前では信仰の勝利者とされるだろう。彼らは無罪だ。彼らはこのようなレイプを「受益権にもとずく結婚」と呼び、父親や兄弟をナイフや銃で脅して処女を誘拐する。父親たちは仰天し、恐れ、名誉を傷つけられる。いったいどこに結婚の契約があるというのか。原理主義者に娘を強姦されても、その娘が彼らの仲間のうちで殺害または斬首されないと、自分の娘だと認めない父親もいる。

女性に対するこのような犯罪行為は、どのような精神的、思想的混乱に原因があるのだろうか。それとも、女性のからだと心、処女性についての遠い昔からの不可解な恐れからだろうか。神、つまりイスラムの神の名において、女性の処女性と心を強奪するこのような男たちはイスラム教徒とはいえない。彼らは殺人者であり、戦争犯罪人として裁かれなければならない。このような男たちを国際法廷に告訴すべきである。（後略）

（注1）「SOS性差別」協会事務局長
（注2）Gilles Perraultの著書参照
（注3）*Le Maroc des potentialités*, Moulay Racid Abderrazak, 一九八九年
（注4）Hinde Taarjiがこの滑稽な間違いの張本人で、モーゼが複数の妻を認めたのは「古代のヘブライ人の冷酷な心のため」である、とキリストがあるヘブライ人に答えている聖書の記述を彼は知らずにいる。言うまでもないが、キリスト教は唯一の一夫一婦制の宗教である。
（注5）第三世界年鑑
（注6）*L'Agonie de Cosmopolis*
（注7）*Le Point*, 一九九四年四月号
（注8）*Une Algérienne debout*, Flammarion（Elizabeth Schemla との対談）
（注9）「アルジェリア女性との国際連帯ネットワーク」

（訳　宮本由美）

2 経済的締め出しと貧困の中で生きのびるためのアフリカ女性たちの闘い

リディ・ドー＝ブンヤ(注1)

当初、このテーマを検討するにあたって差し迫った四つの理由があったのだが、そのほかに三つの理由が加わることになった。その七つの理由とは、

◆世界的経済危機とそのヨーロッパへの波及
◆アフリカ大陸およびその住民の特殊な情況
◆経済危機の不幸な結果のひとつとして、アフリカ人男女の西欧への移住
◆その移住がもたらす結果
(a)アフリカに残る女性について（置き去り、孤独……）
(b)父親や夫に合流した女性について（彼女たちはヨーロッパのいたる所で排除や追放の犠牲になっている）
◆「国連女性の一〇年」の主要テーマのひとつである、女性の経済的・社会的発展の促進
◆セネガルのダカールで開催された国連「アフリカ地域」会議への私の参加
◆アフリカにおける貧困の根絶に向けた「行動計画」でアフリカ女性が認めた優先課題であること。

この論考はエコノミストの試論ではないし、ましてこれを経済論文に仕立てるつもりはない。ここには統計もグラフも図版も図表も提示しない。せいぜい手短な現状報告といったところで、それも非

常にささやかなものである。というのも、アフリカ全大陸を網羅するだけの十分な資料がないからである。せめてブラックアフリカやフランス語圏のサハラ以南の地域だけでもと思ったが、利用できるデータは中央アフリカの一カ国に関するもののみである。だがアフリカ大陸では、あちこちで同じ原因から同じ結果が生じていると考えられるので、ちょっと拡大してみればすむことだ。どこも共通する問題を抱えているのである。

一九八五年、世界の女性に向けた、国連の第一次「女性の一〇年」（一九七五ー八五）の終了にあたってケニアのナイロビで会議が開催され、第二次「女性の一〇年」（一九八五ー九五）が採択され、二〇〇〇年までを展望した計画が決定された。国連は、先の女性の一〇年でメンバー各国が優先的に取り組むべき領域を定めていたが、納得のいく結果が得られなかったので、実際に前回と同じ平等、平和、開発、それに教育、健康、雇用の問題を引き続き最重要課題に決定した。

これらの課題に限って国連女性の一〇年をふりかえると、女性が、一般に言われるように北の世界か南の世界の出身か、言い換えれば豊かな世界か貧しい世界に属していたか、に応じていくらかの前進が確認できた。だが停滞も、また明らかな後退も見受けられる。実際に二〇〇〇年までを視野に入れると、各大陸の女性たちが固有の優先課題を抱えていることがわかる。ときにはその課題が対立することもあるだろう。なぜなら、それぞれの広大な国土の現実に相応する課題があり、それはほかの大陸の女性の問題と真っ向から対立するものだからである。このような主張は大胆に思われかねないので、的確な実例をつけ加える必要があるだろう。

それでは、武器売買の例をみてみよう。それは巨大な市場を形成し、武器の売り手国、つまり多数の工業国の収支バランスに非常に大きなプラス材料となっている。それは国を富ませる確実な財源になる。反対に南の国々にとっては、武器の買いつけが国の貧困化の最大の原因のひとつとなっている。

たとえばアフリカの国々の指導者たちについて言えば、彼らは軍隊と警察のおかげで権力の座についているにすぎない。彼らが装備の買いつけに当てる莫大な金額はもちろんこれらの国々にはない。それどころか住民の最低限の基本的欲求すらかなえることができない。したがって教育や医療は、アフリカの大部分の国々の経済体制の中で非常に冷遇されるはめに陥っている。

ずっと以前からヨーロッパで、女性（男性も）のグループがこの武器の売買に反対しているのは事実である。だが同時に、ヨーロッパの多数の男性（女性も）が武器取引の減少、さらにはその撤廃が失業や貧困といった深刻な影響をもたらすことを恐れている。アフリカで武器が原因で生じる甚大な被害を考えると――この武器が天の恵みとなっている当地の権力者たちは別である。なぜなら、武器は永続的な権力の維持を彼らに保証してくれるからだ――一方で人（男でも女でも）に幸せをもたらすものが、他方では救いようのない不幸ともなるということは誇張でもなんでもない。

アフリカ女性の現在の貧しさは、「生物の自然発生説」にみるように無から生じた状況ではない。それは何世紀も続いた、広範囲にわたる状況の一部だといえる。この状況は非常に古い歴史に起源がある。それは黒人売買、奴隷制度、植民地化とともに始まり、やがて大国が新興独立国や発展途上国を経済的に支配する新植民地主義が加わって、現在まで続いてきた。この荒廃をもたらした歴史的プロセス、途方もなくひどい人的消耗の果てが、今日の北（西ヨーロッパとアメリカ合衆国）とアフリカとのあいだの発展の全面的な不均衡となっている。この人的消耗に対して、公的にそして正直にそれを「民族の大虐殺」という本当の名称で呼ぶことはかつて一度もなかったが、それは例のない大虐殺にほかならない。

ここでは、一般の人々には未知の事実をせいぜいいくつか述べるだけにしておく。アフリカ大陸の住民とアフリカ自体に関して、社会通念、型にはまった意見、事実に基づかない予断、類型的な考えといったものが世間一般の判断の基準となっている。そのように簡単に片づけてしまうと、大いに安心していられるからだ。

実際のところ、アフリカの貧しさの原因をアフリカの女性と家族のせいにしようとするキャンペーンが実施され、成功を収めている。いわく、アフリカは「あまりにも」高い出生率のために貧乏なのではないか、と。つまり女性に罪悪感を抱かせ、彼女たちの多産性を極端に誇張して不当に高すぎると思わせている。だがもうひとつの、もっと憂慮すべき比率、すなわち幼児死亡率については故意に見過ごしている。むろんだれもが心配しているわけではないが。アフリカの幼児死亡率は世界でいちばん高いうちのひとつで、たとえば日本では〇・五％であるのにモザンビークでは一六・二％である。さらに、とりわけアフリカ女性の生産者としての役割が無視されている。

このキャンペーンの内容は次のようになっている。

——ヨーロッパ諸国の失業、犯罪、社会不安、その他もろもろの元凶は出稼ぎ移住者（言うまでもなくアフリカ人男女）に違いない。

——アフリカのいわゆる人口急増の責任は女性にあり、その結果地球の人口爆発が起こるだろう。

結論として、

アフリカとアフリカの住民（男女）は今世紀の諸悪の根源だと言えるだろう。

この説を逆転して考えてみたらどうだろう。出生率が高いというなら、アフリカは貧しいから——もっと端的に言えば先進工業国によって「貧しくされた」から出生率が高いのだ、と認めたらどうだろうか。

さらに一歩ふみ込むまえに、まず次の二つの重要なデータを思い起こしてみよう。

◆先進工業国は地球の人口の二〇％を占める。

◆この同じ先進工業国が世界の資源の七五％を消費している。

極言すれば、先進工業国はこの出生率におかまいなしに「強者のひとり占め」をし、今後もずっと続けていくというのに、どうしてそれを気にかけるのだろうか。

一九九三年のウィーンの「世界人権会議」では、ヨーロッパのNGOの女性代表者が貧しい国々の女性たちとの連帯の必要を強調した。貧しい国々の債務に関しては、中程度の国民所得のある開発途上国、中欧と東欧諸国、さらに独立国家共同体諸国（旧ソ連邦の一二カ国）の債務を帳消しにするか、軽減するか、または返済請求を断念することを要求した。

以下はその時の「ダカールの声明文」という文書の抜粋である。声明文の作成には「女性と開発」および「学術調査委員会」のアフリカ諸国（アンゴラ、ベナン、ブルキナファソ、カメルーン、カーボベルデ、コモロ、コンゴ、コートジボワール、ジブチ、ガボン、ギニア、赤道ギニア、マダガスカル、マリ、モーリシャス、モーリタニア、ニジェール、中央アフリカ、セネガル、セイシェル、チャド、トーゴ、ザイール（現コンゴ民主共和国））のネットワークの二万一千人の女性の代表として四九七名が加わった。

「貧困の根絶は、モーリタニアの首都、ヌアクショットの会議で採択された第一の優先課題であった。この問題への私たちのアプローチは横断的なものである。人道主義からのアプローチは、その場しのぎの対症療法になりかねない。貧しい人々を援助するだけでは十分ではない。社会や制度のなかで貧困や排除を生み、それを助長する要因のすべてを明るみにだすことが重要である。貧困には、教育からの締め出し、情報からの疎外、医療からの排除、諸権利からの除外というように多様な側面があり、多元的で多分野にわたっている。国家の負債を語らずして貧困を語ることはできないだろう。私たち女性は、国家に代わって、私たちの国の政策の決定者、仲裁者であり審判者を自任しているさまざまな外国機関の支配に対して抗議する。私たちは、全面的な債務の帳消しを要求するために私たちの政府の努力を支持する。いかなる債務返済日程の繰延べにも私たちは満足しない。それは発展のための条件のひとつだ。私たちは、最貧国に対する政策の切り替えを要求する。私たちが承認できる唯一の調整案は、住民の要求、女性の要求をかなえることのできる構造調整である」。

　以上の声明文は、アフリカ女性の手で北京会議に届けられることになった。


　長いあいだ、貧困は世界の一部の地域に限定されていると思われていた。そのころは、世界を富める国と貧しい国とに容易に区分できた。現在でもこの区分は変わっていないし、皆が認めるものだが、災禍は世界中に広がりつつある。なかでも女性がもっともひどい「不幸」に見舞われている、とだれもが一致して認めている。

　アフリカ女性に関しては、さらにその度合いが深刻である。中央アフリカのフランス語圏のある国の現地新聞のいくつかにざっと目を通してみるだけで、十分にその事態を理解できる。大見出しにいわく、

貧困（ラ・シテ紙、四号）
カメルーンにおける貧困との闘い（ラ・シテ紙、九号）
いかにして貧困から脱出するか（ラ・シテ紙、八号）
貧困が私たちを狙っている。団結しよう。（ラ・シテ紙、三号）

カメルーンのドゥアラ市・過酷な状況におかれた一万人を超す退職者たち（ル・メッサジェ紙、四一五号）
長く苦しい時期、いかに切り抜けるか（ラ・シテ紙、三号）
物乞いをするわが外交官たち（ル・メッサジェ紙、四一四号）
特に次の見出しは、もっとも雄弁に事態を物語るものだろう。またそれはスローガンとも言える。
男たちが国と子どもたちの未来を崩壊させた――カメルーンの女たちが立ち上がる（ラ・シテ紙、五号）
セミナーも一貫して同じテーマを扱っている。
「カメルーンの貧困の拡大とその改善政策」

ところで、カメルーンは数年前までアフリカ大陸の最貧国のうちに入っていなかったし、むしろその逆であった。食料が自給自足できると言われていたし、それも根拠のある話だった。豊かな自然に恵まれているので国内ではまったく変わらずに生産が続いているが、現在では状況が一変してしまった。住民一人あたりの国内総生産高は一九八九年の一〇一〇$から、一九九四年の五〇〇$へと半減した。今年度についても、改善のきざしは一向にみられない。そのうえラ・シテ紙は次のように述べている。

「現在、カメルーンで必要以上の食料が生産されているわけではないが、だからといって全住民に最低限の食料を確保できないことはない……それなのに生産にこのような落ち込みが生じたのは、多くの発展途上国の開発政策の管理や指導に不当な干渉が多々あることを裏づけるものであり、さらにさまざまな技術援助や『開発』という名目で諸プロジェクトの導入が行われていることを示すものである」

本当のところ、ずっと以前からなにもかもが悪化するばかりだった。医療、教育、雇用などあらゆる領域で、あらゆるレベルで、住民の苦労が日ごとに増大し、深刻化している。

病院での薬品不足から、幻覚剤が使用されるようになった。間に合わせにもほどがあり、危険な方法である。薬品は、といっても期限切れのものが多いが、道端で仮設の台に並べて売られている。都会ならば、行商人が売り歩く。その多くは読み書きができないので、自分がなにを売っているかすら分かっていない。実のところ、薬局の薬品が非常に高価なので、だれもが（もっと正確にいえば、購買力のある者は）街角の屋台に駆けつけて買い求める。あるいは通りすがりの行商人を呼びとめる。期限切れの薬品を使っての自己流の治療によるあらゆる危険や悲惨な結果は容易に想像がつく。したがって死亡率はさらに急上昇した。ドゥアラのような都会では十年ほど前から、現地通貨の切り下げからはなおさらのことに、大儲けできる事業といえば葬儀屋と死を巡ってのささやかな商売だけになった（残念ながら冗談ではない）。その一部は女性が仕切っている。たとえば死者の出た家の飾りつけ、葬儀用の黒幕、椅子、テント、食器の貸しつけなどである。裕福な病人の場合は、むろん飛行機に乗ってロンドンやパリの病院に行けば済むことで、お金でうまく切り抜けられる。

教育でも医療と同様に問題が生じている。教育レベルは劇的に低下した。教師のストライキが相次ぎ、「空白の学期」も続いた。(注2) その結果、生徒、親、教師は意気消沈した。金持ちの子どもの学校教育に関しては、彼ら（男子も女子も）はこぞって国を出て外国へ行き、安心して学業を続け、卒業するとヨーロッパやアメリカ合衆国で生活するか、または帰国して親が用意した仕事のポストに就く。そのほかの圧倒的多数の子どもたちは、学業を断念しないで済むようにあらゆる手を尽くす。新学期は大多数の者にとって悩みの種となっている。

ところで、しだいにすたれ始めていた社会行動が再びみられるようになった。たとえば娘を犠牲にして息子の学業を優先する、娘は急いで結婚させる。そこから社会全体にマイナスの影響を及ぼすことがわかっている早婚や結婚の強制、持参金、一夫多妻、低年齢出産、無教育といった娘たちに対する特有な暴力が次々に発生し、深刻化している。女生徒たちは学費を稼ぐために売春をせざるを得なくなる。ともかく、女性たちは自分の子どもをしっかり養育するために、相変わらず驚くべき手腕を発揮している。ささやかな商売、小口の庶民金融など、あらゆる手段が役に立つ。

しかし若者にとって残念なことに、学校を卒業したからといって就職できるとはいえない。なぜなら、彼らを待ちうけているのは長い失業期間だけだからである。

一九九二―九三年の統計によると、首都のヤウンデの女性の失業率は四七・四％である。一九九四年には年頭のCFA〔アフリカ財政金融共同体〕フランの切り下げで状況が悪化したので、失業率は増大するばかりだった。思い起せば、一九六〇年に一CFAフランは二フランス・フランだったが、一九九三年に〇・二〇になり、今日ではもう〇・一〇でしかない（当面のうわさかもしれないが、もう一回通貨の切り下げを計画中で、時期としては、フランスの大統領選挙の終了を待っているだけではないだろうか）。

ラ・シテ紙の記事を引用すると、

「こちらでも通貨切り下げ、あちらでも通貨切り下げ。どうあっても、これからはこの経済概念と折り合いをつけていかなければならないだろう。それはよそから来た新しい試練だが、私たちは日常体験でその残酷さのすべてを思い知らされている。今日起こっているCFAフランの切り下げは、かなり遠い過去に根ざすわれわれの歴史全体からみれば追加の一要素にすぎないが、ほぼ三〇〇年に及ぶ外国との関係が常にアンバランスと不平等のあかしであることをはっきりと示すものだ」

大勢の国家公務員の早期退職の実施、多数の企業の廃業などの悲惨な状況が相次いでいるが、そのどれもがカメルーンを失業者の国、内的活力のない国にしてしまっている。とにかく、カメルーンにとっての真実は、アフリカ全諸国とは言わないが、おそらく他の国々にとっても真実であるだろう。

「アフリカの行動計画」の基本方針は十二ほどの領域に及ぶが、それには、「女性の貧しさ、食料の供給不足と女性の経済力の欠如」の項目が含まれている。

この基本方針の内容を検討すると、アフリカ女性の貧しさの主な原因は以下のように考えられる。「収入の不足、市場、社会、政治からの締め出し、世界、地域、地方、地元での不公平な富と所得の配分、景気の後退、旱魃やその他の自然災害、重積債務、長期的開発計画と矛盾する構造調整政策、急速な人口増加、その国の政治、経済、社会全般の状況に結びつく武力紛争および内戦など」

アフリカ女性はけたはずれの貧しさを耐え忍んでいる。彼女たちが食料生産の六〇%から八〇%を確実に担っているというのに、貧しさは彼女たちの宿命となっている。

女性は十分な学校教育や職業訓練を受けられず、科学知識や先端技術に疎いことから、その境遇はいっそうひどいものになっている。

二回目の国連女性の一〇年の終了にあたって、私がアフリカ女性の貧しさというテーマに取り組むことを決意したさまざまな理由をみてきたが、そのなかで、女性が自分たちの運命を好転させるために働きかけができるものはどれだろうか。

世界的な経済危機にも、そのヨーロッパへの波及にも、なおのことアフリカ住民の西欧への移住にも、女性は影響力を行使することはできない。アフリカの女性たちが暮らすみじめな社会を襲っている赤貧と同様に、彼女たちへの迫害や排除をくいとめることも、彼女たちの手には負えない。

とはいえ、彼女たちにも自分たち自身の経済的・社会的発展の促進のために活動することはできるし、彼女たちもそれに気づいている。女性たちはダカール会議に出席して、自分たちの意志を述べた。そこで自分たちの、また自国の人々の最優先課題を明らかにした。

このようなありとあらゆる不幸にもかかわらず、まだアフリカは完全に滅亡してはいないし、今日、なお多くの家族が難局をなんとか切り抜けていけるのは、主にこのアフリカ女性の変わらぬバイタリティーのおかげである。彼女たちは、自分の体の具合におかまいなく一日に三つもの仕事をこなす。女性教師は惣菜の販売員に早変わりし、まだ営業を続けている数少ない企業の退社時に肉や魚の蒸し煮を売る。あるいは炊事用の薪を売る……いたるところで、女性は貧困との闘いの先頭に立っている。

本当の開発とは、本質的にアフリカ以外の文化に結びついた、アフリカに不向きな方法によるのではなく、アフリカ文化に適合し、また住民の現実の要求を満足させることのできる方法による開発である。そのようなアフリカ大陸に見合った開発に成功するには、どんなに配慮の行き届いたプロセスであっても、すべての開発プロジェクトにおいて構想、実施、評価、追跡調査といったあらゆる段階でアフリカ女性の全面的な参画が求められる。アフリカの女性は、信頼できる統計によれば、水汲みや薪拾いといったつらい仕事、生産活動や家事、子どもの世話、あとは言うに及ばずで、一週間の労働はほぼ六〇時間に及ぶ。

アフリカの女性は前途に途方もなく骨の折れる任務を抱えている。だが、断言しよう。彼女たちが正当な支援を受け、その進路を妨害されなければ、もっと正確にいえば、卑怯な策略に嵌まらなければ、アフリカ大陸の開発にかかわる脅威にいくらでも立ち向かうことができる。(注3)

（一九九五年四月八日）

（訳　宮本由美）

（注1）「黒人女性の権利擁護運動」の代表

（注2）学校や大学で時間割りの変更や全面休講があると、期末試験が実施できなくなる。

（注3）チャド内戦の最中に、あるチャドの男性があたり前のことのようにこう述べた。「姉妹や従姉妹たちがいなかったら、とっくに飢え死にしていたかもしれないな……」。

第V章　アジア

1　フィリピンの女性に対する国家の暴力

ネリー・トゥリユメル

1　だから私たちは闘う（注1）

（A）コリー・アキノ政権は民主主義と人権尊重に賛同すると表明した。にもかかわらず政府は農民を抑圧し、都市部の反政府派の粛清を止めず、国の社会・経済・政治の危機に抗議する人々を沈黙させた。

アキノ政権は、諸勢力間の全面戦争の戦略をとったことにより、マルコスの独裁体制時をも凌ぐ罪を犯してしまった。

女性は家父長制の構造と文化によってすでに当然のように抑圧されているわけだから、特殊な犠牲者である。

チェリー・メンドサとセシリア・サンチェスは一九九〇年一二月、友人の男性一人とともに軍警察と軍によって不当に検挙された。三人は新人民軍（ＮＰＡ）に所属していると疑われたためだが、何の証拠もなかった。二人の女性は性的、身体的、精神的暴力を受け、何度も強姦された。

彼女たちは国家転覆罪の判決を受けた。保釈金を払って釈放されたが、自由の身となってもセラピーを受け続けなければならなかった。友人の男性は保釈金なしで釈放された。

彼女たちは沈黙することを拒否し、女性を罰し、辱め、怖じ気づかせるための抑圧の武器である暴力、それも私的な関係で起こる暴力ではなく国家による暴力を明らかにしようとした。

世界には、性的虐待や強姦が人権侵害であることをあくまでも認めようとしない政府がいくらもある。

チェリー・メンドサやセシリア・サンチェスのような、訴訟を起こし、証言する勇気のある女性たちは、女性の権利は人権に含まれると主張することができる。しかしそうするためには国際的支援が不可欠である。彼女たちは一九九〇年、人権擁護団体アムネスティー・インターナショナルやGCWPR（ガブリエラ女性の参政権委員会）に費用を負担してもらった。だが彼女たちにとって最も難しい問題は強姦されたことを証明する医師の診断書を取得することだった。

ロエナ・カランサ・パラアンは一九九一年一一月、夫とその他四名と共に逮捕された。二〇人の完全武装した兵士が住居に突入、見ず知らずの人物の逮捕状を示し、流し台の下に武器と爆薬を発見したと主張した。ロエナたちは幌なしのトラックの荷台に乗せられて軍キャンプに連行された。二日間にわたる尋問を受け、記者会見に引き出され、武器および爆薬所持の容疑で起訴された。

ロエナはそのとき妊娠九カ月近くだった。夫と引き離され、別のキャンプの病院で、麻酔は拒否されて出産した。刑務所の食事は栄養がきわめて不十分だった。彼女が頼れるのは、貧しくそのうえ障害者で、三歳の上の子どもの面倒をみていた母親だけだった。

ロエナは一九九二年二月一〇日に釈放されたが、夫はまだ身柄を拘束されていた。

ヴィルマ・マンゴはジャーナリストで、ヴィラマール基地のフィリピン空軍兵士に誘拐された。彼女は、遠縁の従兄弟が率いるフィリピン共産党（CPP）の武装組織である新人民軍の蜂起を新聞記事にしたために、ラモス政権の国防省が作成した要注意人物のリストに入っていた。さまざまな報道機関が彼女を支持した。

誘拐されて縛られ、目隠しされ、衣服を剝ぎ取られて身体中を触られ、食べ物も飲み物も与えられなかった。また情報要員になるよう強要され、脅された。彼女は拷問する兵士を信用させるために言われるとおりにしようと思った。事実を伝え、闘い続けるためには生還することが彼女の義務だった。

(B) ラモス政権下では大量の不当検挙が行われた。反乱・暴動・国家転覆の煽動者と疑われた人間は男女を問わず令状なしに逮捕された。

多数の女性がほんの些細な嫌疑で逮捕された。その多くは兵士から性的、精神的、身体的虐待を受けた後、証拠不十分で釈放された。他の女性たちは殺人、武器・弾薬の不法所持の容疑で起訴され、勾留されていた。これは政府の謀略だった。つまり彼女たちに「殺人犯」のレッテルを貼ることで、統計上、女性政治犯の囚人はいないことになっていた。

ジュリアナ・カイナップは、一九九一年四月、連行された後逮捕された。目隠しをされ、両手は縛られ、ある建物に連行され、彼女が所属していた新人民軍について強権的な尋問を受けた。新人民軍の闘士の家を突き止めるための尋問だった。何を聞かれても知らない、と言い張った。すると頭にビニール袋が被せられ、否認するたびに袋の口が絞られ、呼吸が苦しくなるようにされた。それが五回繰り返された。床に寝かされ、顔を布切れで覆われて溺死しそうになるまで水をかけられた。それが四回繰り返された。強姦すると脅されたり、胸を押さえ付けられたり、首に煙草の火を当てられて火傷した。

彼女は国家転覆と武器の不法所持の罪を宣告され、再教育センターに移送された。似たようなケースはいくらもある。

人権運動の闘士やフェミニストたちはラモス大統領の釈明を要求したが、マルコスやアキノに忠実に仕えた男に何が期待できよう！

「権力は呪われる」と、パリ・コミューンで活躍した女性革命家ルイーズ・ミシェルは言っている！

2 そして彼女はノーと言う(注2)

一九九〇年、フィリピンの「全国キリスト教会協議会」が、人権尊重を求める女性たちの闘いに関する小冊子「そして彼女はノーと言う」を発行した。

(A) 監獄の中で（エリザ・ティタ・リュビの証言）

監獄内の性暴力と強姦の被害者のほとんどは女性である。逮捕後の取り調べの間、自白を引き出したり情報や密告を得るために脅迫、恐喝、身体を触る、衣服を脱がせる、性暴力、強姦などのあらゆる屈辱や暴力が絶え間なく続く。

警官や軍人は「勾留中の条件を良くしてやる」から、と性的脅迫をする。女性が高齢の場合はその娘が人質に取られる。

「取り調べ官」の地位が高ければ高いほどそういったことを拒むのは難しい。

エリザ・ティタ・リュビは政治犯として捕らえられた。完全黙秘したら、まる二日間目隠しされて裸にされ、膣の中に電極や赤トウガラシや瓶を入れられて、殴打や卑猥な行為を繰り返し受けた。

何も自白せず、誰のことも密告しなかったことで、政治的勝利を勝ち取った、という一種の高揚感を味わったものの、それまでの厳しい自己抑制のために身体が拒否反応を起こした。震えが止まらず、呼吸が困難になった。二週間後、ようやく泣けるようになった。

非常に残念ながら、性暴力や強姦の犠牲者が、本人に非があったからとされ、社会から追放されるのは事実だ。彼女たちは身体的にも精神的にも永遠に汚れてしまったと思い込まされる。性暴力の犠牲者を排除する封建的な文化には警戒し、抵抗しなければならない。

(B) コルディエラの先住民族女性の闘い (ジェラルディンヌ・L・フィアゴワの証言)

フィリピン北部のコルディエラの山岳地帯は天然資源が豊富な地域だが、ここでも先住民族が開発の犠牲になっている。政府は、世界銀行の融資による開発プロジェクトを軍の協力を得て住民に押しつけた。この開発で恩恵を受ける住民はほんのわずかで、多くの住民はのけ者にされ立ち退かされる。天然資源も破壊される。抵抗すれば、強制立ち退き、不当逮捕、拷問、裁判抜きの処刑の犠牲となる。共同体全体の苦しみとはいえ、女性の苦しみはもっと大きい。

森林の払い下げに反対すれば、逮捕は免れても地下に潜らざるをえない。残された女たちは家族の世話や農作業を担い、また軍キャンプに強制収容されている夫や子どもの面会に行かなければならない。

ティネグの町では、軍司令部が男たちに木材運搬用の橋の建設を強制した。女たちは男たちに代わり、共同体の存続のために農作業をしなければならなくなった。

アパヤオの森林開発は浸食、洪水、天然資源の破壊といった災害を引き起こした。イスネグの住民は蜂起した。この抵抗運動に新人民軍も加わったので軍の弾圧が強まった。村は放棄され、男たちは森の中に身を隠した。女たちと子どもたちは軍キャンプに収容された。多くの女性たちが強姦された。それも子どもたちの目の前で。

マウンテン州のボントック族の女性たちは上半身裸、腰巻きだけで工事現場の労働者たちに敢然と立ち向かった。怖じ気づいた労働者たちは逃げ出し、二度と戻ってこなかった。建設会社は工事を断念せざるを得なかった。村人たちは地下の金鉱を自分たちで採掘して利益にあずかることができた。

このように多くの女性たちが抵抗運動に加わり、一九七九年には新人民軍の中に女性分隊が編成された。女性や、親が虐待されたり殺されたりした子どもたちは、「文明」をまったく信じなくなり、ゲリラとなった。

開発の欺瞞性は政治に対する関心を呼び覚まし、彼らを闘いに駆り立てたのである。

（注1）雑誌*Gabriella*（フィリピン、一九九二年）――女性の参政権委員会
（注2）全国キリスト教会協議会発行の小冊子（フィリピン、一九九〇年）――人権に関するプログラム

（訳　迫　絹子）

2　チベットにおける民族大虐殺、あるいはチベット女性の抑圧

ミシェル・ディラス（注1）

一九八二年、子どもの頃の夢だったチベット旅行が実現した。この旅はラサとその周辺地域に限られた。というのは、私たちのガイドがチベット語を流暢に話し、その夫が亡命したチベット人であることが中国警察にわかり、その上「政治的」すぎる質問をして、個人調査をしているように思われたからだ。私たちの一行はラサから遠く離れることを禁止された。

温かく、いつも微笑んでいたチベット人の印象は忘れられない。私たちは中国人とチベット人を、笑顔かどうかで見分けた。当時問題となっていたのは、それ以前の一九七七年に中華人民共和国を訪れたとき同様、中国人に対する人口増加抑制策だった（一九七四年、一九七七年当時ほどの厳しさはなかった）。それは、受診する医療機関や職場に生理日を掲示させて女性の受胎調節を推進するという抑制策で、フェミニストの私には依然として容認できなかった。一九八二年当時、チベット女性は子どもを欲しいだけ産むことができたが、チベットに居住する中国女性には許されなかった。

中国女性

ここ数年間に私が得た情報から、中華人民共和国の女性の境遇とその地位の低下による悲惨な現実が見えてきた。男女平等を推進するための反林彪、反孔子の「批林批孔運動」（私の所属する女性団体（注2）は一九七七年に参加した）はもう過去のこととなり、八〇年代の中国政府の政策転換は、女性には不

利な変革となった。

その内容は

◆人民公社の廃止

◆私有の耕地区画の「家長」への分与

◆資本主義型の市場機構の実施

◆限定されているとはいえ、自由度の拡大、等々

こうした情勢の変化で利益を得るのは男性だけである。

中国の女性たちに起きていることは、旧共産圏の、市場経済へ「移行中」と言われる国々でも同様に起きている。

中華人民共和国では女性は政府機関や労働市場から徐々に締め出されている。なかなか雇用されず、真っ先に解雇の対象となり、四五歳で退職を強いられることもある。このようにして、女性を家庭に戻すキャンペーンが始まっている。また新たに女性たちは、かつては見られなかった悪辣な暴力を受けている。女性を物扱いする美人コンテスト、セクシュアル・ハラスメント、集団強姦、ポルノ写真、売買春、封建時代のように裕福な男性の愛人になる女性の増加、奴隷市場での売買などである。同性愛は常に抑圧され、未婚女性は、妊娠したら中絶しなければならない。

チベット女性

八〇年代以降の中国女性の状況は望ましいものではないが、チベット女性の場合はどうだろうか。仏教の伝統から、チベットでは生き物に対する寛容の精神が浸透している。中華人民共和国では犬を食べるが、チベットでは、犬は一〇匹ぐらいずつ群れて日向で寝そべっている。

そんなチベット女性に、中国の産児制限法が受け入れられるのだろうか。大々的に行われ、実におぞましいこの状況を、私たちは分析し、考えてみたいと思う。

前もって断っておくが、私は無神論者である。私はフランスの法律で中絶が認可される以前、医師として、困難な状況にあった女性たちを助けるために中絶手術を行った。そのとき私は投獄や停職の危険を冒していた。だから中絶反対派を支持はしない。世界中のすべての女性に、子どもを産みたいかどうか、産む時期、自分が望む相手の子どもかどうか、子どもの数、をはっきり自覚して選択する自由が与えられるために支援したい。

私は、中国の一人っ子政策のみならず、子どものない夫婦に課税し、孤児院が捨て子で満杯だったルーマニアのチャウシェスクの政策、国のために最低でも三人は子どもを産まなければ女性に罪悪感を抱かせたアルバニアの政策、子沢山の母親、しかも男の子を多く産んだ母親だけが一人前の女性であるというイスラム諸国の理想モデルにも異議を唱える。

すべてのこういった事象は、女性の身体に係わる法律を定めた家父長制（宗教、無宗教に関係なく）から生じている。

1　産児制限政策の公の目的と隠された目的

（A）数量的根拠

中華人民共和国では、住民一人あたりの最低生活水準の維持のために産児制限措置——晩婚の奨励、女性の就業、職場での読書会を通じての政策の認識、最も辺鄙な地区の「裸足の医者」に至るまでの指示の徹底、女性のみならず男性にも投与する避妊ピルの研究——が取られてきたが、それは一九八〇年までは中国人女性を対象としたものだった（当時、農村部では女児の間引きが行われていたのだろうか）。

しかしその後、中国支配下にある諸民族と中国人の人口の均衡維持のための措置がとられることとなったのは、次のような理由からだった。

◆一九八三年以降も「産児制限」が中国国民のみに適用されるなら、百年後には中国人三億七〇〇〇万人に対し、少数民族は四億一六〇〇万人（注3）になるだろうという数字を人口学者が発表して警告を発した。

◆一九九〇年の国勢調査により「少数民族は全国平均よりも急速に増加している」ことが立証された。

実際、チベット領は広大である。旧チベットのアムド、カム、ウー・ツァンから成り、中国政府によって青海省とカンロ、ガパ、カンゼ、デチェンの四つのチベット自治県と一九四五－五〇年に最後に統合されたチベット自治区の六地域に再構成された。

土壌はかなり肥沃で、「中国の穀倉地帯」と呼ばれていて、人口密度は非常に低い。

◆中国による占領以前はチベットの人口調整には何の問題もなかった。伝統的に、男性の約四分の一と女性の約六分の一は寺院に入り独身の誓いを立てた。この数は現代では減少している。それは中国政府が僧侶になる選択を制限しており、また多くの寺院が占領時に破壊されたからだ。

◆一九九〇－九三年の間にチベット自治区の人口は二％増加、アムド、カム、ウー・ツァンのチベット人人口は七・八％増加した。総人口は六〇〇万人で、これは中華人民共和国の総人口の〇・〇二％である。

◆チベットの領土は非常に広大で肥沃、人口は極めて少ないのだから、産児制限はチベットでは適用する必要がない。にもかかわらず産児制限が行われているだけでなく、中国の植民地政策も実施され、今やチベットに居住する中国人の数はチベット人より多い。

（B）質的根拠

◆一九八二年　少数民族の大学生数は一〇〇〇人あたり約三七人で、これは全国平均に比べると非常に少ないという指摘がなされた。

◆一九九〇年　中国当局は、チベット自治区内には一万人の精神障害者がおり、そのことはチベット人が質的に劣る民族であることを示していて、向上させる努力を要すると発表した。そのための措置はすでに一九六九年よりカンゼ自治県で実施されている。

◆一九九一年　彭珮雲《ポン・ペイユン》（訳注　前国家計画出産委員会主任）もチベット人の質の向上について語っている。「少数民族地域の経済的・文化的水準およびそこに居住する人々の質を向上させるために、少数民族にも計画出産を導入すべきである」

◆一九九二年　チベット自治区の成文法の条項では、障害者およびその及ぼす影響に関して「医師の診断書により重い遺伝性の病気にかかっていると証明された者の出産は禁止」と、明確に定義されている。また第一子が「障害児」で、「規定外」にもうひとりの子どもを産みたいと思ったら、両親はその障害が遺伝性でないことを証明しなければならない。

◆一九九四年　国際的な抗議を受けて多少の手直しが行われた後、検討が加えられ、「新生児の質の向上」を目的とする新しい法律が公布された（「優生学」という言葉は削除された）。

――婚約者同士のどちらかが精神障害やエイズ、梅毒のような「感染症」にかかっている場合、この法律は結婚の延期を強く勧めている。また夫婦のどちらかが「重い遺伝性の病気」にかかっている場合は、避妊処置、さらには不妊手術を、胎児が「奇形あるいは重い遺伝性の病気」の場合は医師による中絶を勧めている。重篤性の定義については合意がまだ成立しておらず、中国の専門家が適用基準を検討しているところである。(注4)

——民族の質の向上というのはナチズムを連想させる。このキャンペーンが「正しい」思考様式の実現のためのプロパガンダに結びついているだけに、この法律が少数民族や反体制派にどのように適用されるのか分かったものではないからだ。

2 産児制限措置の形態

(A) 法律の制定

チベット自治区においては、法制化は段階的に行われたようだ。

◆ 地域限定立法後、全国適用のための法制化

◆ まず政令の形で、後に法制化へ

◆ まずは国民への教育、次いで強制的な制限へ(この計画は都市部から開始された)

チベット人人口の多いカムやアムドのような地域では対照的な戦略がとられた。初めは抑圧的な措置が、次の段階では抑圧が緩和されてより巧妙なものとなった(この操作はまずキャンペーンで用いられた)。

どんなやり方であれ、目的は子どもの数を三人から一人に減らすことだった。

中国政府の欲求、目標、命令の各地方での反響、つまり地方の関係当局の解釈は地方ごとにかなり

のばらつきがあった。このことは、産児制限の実施のしかたについて集められた証言が一致しておらず、特に、強制的だったかどうかの認識についてはまちまちであることからも一部説明がつく。

(B) チベット自治区での最初の法律制定は一九八五年だった。

法規により、チベット自治区に居住するチベット人家庭は子ども二人、中国人家庭は子ども一人を産むことが認められた。この条文で強調されていることは計画出産および出産間隔についての概念であり、禁止事項は公式には言及されていない。すべての権限が地方当局にあたえられ、「出産許可証」(子どもを一人持つことの許可証)の交付、十分な出産間隔の指示を行う。

「勧告や予防措置に従わない者は、その重大性の度合いに応じて処罰を受ける」

「外科手術を受けたくない者への出産許可の交付は延期される」。手術が義務づけられていたかどうか分からないが、実際、手術は行われていた。

一九八五年の法制定以前、政府のポストに就いていたチベット人幹部たちはすでに計画出産を実践していた。かれらは特権者と見なされ、模範を示さなければならなかったからだ。

(C) 割り当て制度

この制度が最初に国レベルで導入されたのは一九八五年の法制定より遅く、一九八八年だった(七月二六日付け)。

チベット人人口の多い二つの地域、四川省では一九九〇年七月一八日付けで、カンゼ自治県では一九九一年二月四日付けで、この制度が地域限定の指導要綱に盛り込まれた。チベット自治区にこの制度が導入されるのは一九九二年に制定された法規による。産児制限措置のための補助金の支給基金の増額が規定されている。「貧窮者および少数民族にはより配慮を要する」からである。

割り当て制度というのは、県が一定数の出産許可を下位の行政区画に割り当て、その行政区画がそれをさらに下位の行政区画および職場に配分するという制度である。一世帯あたりの子ども数は一人に減らされ、計画出産や出産間隔の概念はすっかり消滅している。

一定の人口に止めるために出産数を限定することにより、家庭によっては子どもを産めるようになるまで何カ月も何年も待たなければならない、というようなことが起きる。子どもの数を一人に制限すると、「認可を得ていない子ども」も生まれる。その場合には早めの制裁が行われる。また法の網の目をかいくぐるための知識と経済力を持つ金持ちとそうでない貧しい者との格差が生じる。四〇年間にわたる共産主義体制によっても損なわれることのなかった家父長制の伝統のために親は男の子を選択するので、中国国民のなかでは次第に女児の胎児の中絶、女児の間引きが頻発するようになった。

（D）産児制限に「付随する」措置

抑圧措置

◆地域によっても、家庭の中の「超過分の」子どもの数によっても、両親の社会的地位によっても、措置はさまざまである。

◆チベットの伝統が産児制限、それも特に「不妊・中絶手術」の受入れを阻むため、措置は多種多様である。

◆措置は女性を対象とする（その夫の場合もある）。

――事前策として、言葉による脅迫をする。中国人の役人による脅迫は、チベット人女性の猛反発を買った。

――女性が子ども数の割り当てを守らなかった場合、脅迫は次のように現実のものとなる。
報奨金の受給資格喪失
賃金の終身据え置き
違反が極端な場合には解雇
いずれにせよ職場での昇進の権利を失う。
罰金を払う。高額の場合も多く、支払い不能ならば農村部では家畜や耕地が没収される。
――チベット自治区では、居住する中国人女性に科される罰金はさらに高額となる。
◆新生児に対する措置もある。
――戸籍簿に記載されない。

――政府が六歳までの子どもに支給する食料配給切符がもらえない。

――医療を受けられない。

――保育所への入所、学校への入学が許可されない。

――「居住者カード」が交付されないので、将来、政府関係の職に就けない。またこの身分証明書がないために住宅の取得、就職、旅行ができない。

――しかし罰金を収めれば、出生後一年以上かかるが、生まれた子どもの食料配給切符がもらえることもある。

奨励制度

◆報奨金。たとえば、四川省では一九九一年七月、不妊手術を受けた女性には三〇〇〇元が与えられる、と告知するポスターが掲示された。

◆賃金の全額が支給される有給休暇の追加。期間は「選択した」産児制限の方法に応じて決まる。チベット自治区の一九九二年制定の法規は次のように規定している。
――中絶　二〇日
――中絶と避妊具の装着　二三日
――不妊手術　三〇日
――妊娠四－六カ月での中絶　五〇日
――中絶手術と同時に不妊手術を受けた場合　六五日
この選択をした女性には追加として米とバターが贈与される！

3　産児制限の方法

(A) 女性に与えるショックが最も少ない方法は低用量の避妊ピルの服用、あるいは新型の子宮内避妊具の装着とされる。

中国政府は法律ではこういった方法を認可しているが、実際は明らかにピルの供給量が大幅に不足しており、また情報不足からピルは危険だと思っている女性が多い。子宮内避妊具は、信頼度の低い旧式のものが使われており、装着の際に無菌法に必要なきまりが守られていない。

結局、これらの方法の肝心な点は、中絶や不妊手術のような主な産児制限方法と違い、服用や使用を止めれば、元のように妊娠可能な状態に戻れるということである。

（B）チベット人女性の避妊に最も多く用いられている方法は中絶手術である。

フランスのような妊娠初期の中絶に限らず、イギリスのようにもっと遅い時期に[注5]、中には妊娠七カ月を過ぎた中絶さえ行われている。その場合、胎児の頭部が娩出されるとすぐに泉門に致死薬が注入されて殺される（母親は、胎児が死ぬ間際に上げる産声を聞くこともある）。

四川省の病院では、中絶する女性の受け入れを妊娠期間に応じて、妊娠四五日以内と妊娠五カ月以降の二つの部門に分けて行っている。そのために妊娠二－五カ月の女性は中絶できる時期まで待たなくてはならない。

農村部では手術担当の医療班が組立式テントの中で手術を行う。

中絶手術を拒否する看護婦や医師は厳罰に処される（減給、失職の可能性）[注6]。

「割り当て」をきっちりと守った医師には報奨金が支給される。

証言

証言一　妊婦（二〇歳）――ラサ（チベット自治区）――三児の母。四度目の出産のために入院したとき、胎児は奇形であると告げられ、注射をされ、錠剤を飲まされた。赤ん坊は死産だったが、五体満足だった。

証言二　妊婦――シガツェ（チベット自治区）――検診のためにラサで入院したとき、胎児が死んでいるから取り出さなければならないと言われ、搔爬された。が、胎児は生きていた。殺されたのだった。この二五歳の女性は程なく病いに倒れ、すぐに死亡した。

証言三　妊娠五カ月余の女性――ラサ（チベット自治区）――「胎児を取り出した後、医者は異常がないかどうか確認すると、私に帰宅するように言いました」。彼女は死んだ赤ん坊の始末をどうするか選択しなければならなかった。「その子を病院に残すことはできませんでした。ゴミ箱かトイレに捨てられるでしょうから。私は家に連れ帰ったあとラサの外に運び出し、埋葬しました」。

(C) 不妊手術は時を経るにつれて一人っ子政策の最善策となっているようだ。

チベット人女性は不妊手術をされるのではないかと恐れるあまり、治療のために病院へ行くのさえ拒否する女性もいる。巡回医療班が村を訪れると女性たちは隠れてしまう。

しかし一九九二年に定められたチベット自治区の規則では、チベットに居住する中国人女性で、「認可を得ていない」子どもが二人いる場合は不妊手術が義務づけられるが、チベット人女性の場合は、不妊手術の勧告にとどまる(前述のように、一九八五年以降、チベットに居住する中国人女性は女性一人につき子ども一人という法律を守らなければならない)。

カンゼ自治県の規則は、辺鄙な土地に住む少数民族の遊牧民や農民で子どもが三人いる女性と嫡出でない子を持つ独身女性には不妊手術が望ましい選択であるとしているようだ。

四川省の一九九〇年の指導要綱は次のように定めている。

——子ども一人の女性　　子宮内避妊具の装着
——子ども二人の女性　　不妊手術

不妊手術は中絶手術と同様に病院で、あるいは山間部であれば巡回医療班によって、一人目の子どもの出産時、中絶手術を受ける時、あるいはその他の理由で入院した時に行われる。

証言

一九九〇―九三年　妊娠可能年齢のチベット人女性六〇万人のうちの三％が「自発的に」不妊手術を受けたとされる。

証言一　ラサの近くのギャチャ地方では四〇〇〇人の女性の五分の一が「自発的に」不妊手術を受けた。

証言二　ナムセーリングでは一九九〇―九一年に女性の七分の一が不妊手術を受けた。

証言三　ニモ地方では、一九九一年に二四歳以上の女性六七〇〇人のうち一〇〇〇人が、既婚、未婚を問わず不妊手術を受けさせられた(強引に手術されたケースもいくらかあった)。

証言四　ナムツォ湖地方で、一九九二年五月、九〇人の女性が不妊手術をされた。

証言五　ロカ地方で、一九九〇―九一年、計画出産のための種々の方法が二一〇〇人の女性に対して施された。

証言六　青海省で、一九九〇年、地元のラジオ局は「妊娠可能年齢の八万七〇〇〇人以上の女性が不妊手術を受けました。これは該当する女性の一〇％に当たります。計画出産の成果を上げるための有効で強力な措置が採られたものです」と、伝えた。

(D)　強圧的手段の行使

強制的な中絶や不妊手術は「計画出産法規委員会」によって、また中国政府のチベット白書(一九九二)でも禁止されている。女性たちの証言をもとに、身体的拘束が行使されたことを証明するのは難しい。彼女たちが証言しているのは主に行政面、経済面からの脅しと威嚇である。しかし罰金が多額であったり貧しい人々に課される場合、それは女性たちが事実上の強制を「受け入れる」強力な動機となる。

証言　医療処置班の一員だったチベット人公務員。

一週間のうちに人口四九五三人のうち一六三人の人間（女性と男性？）が不妊手術を受けた。多額の罰金が予想されていたため、それが誘因となった。

しかしながら一部の農村部では身体的暴力も行使された。女性たちが力づくでトラックに乗せられ、テントへ連れていかれ、巡回医療班が手術を行った。

証言

証言一　一九八七年、アムドの二人の僧侶。

「抵抗せずにテントにやってきた女性たちには術後の手当てが施されましたが、拒否した女性たちは力ずくで連れていかれて手術をされ、術後は何の手当も受けられませんでした。妊娠九カ月の女性も中絶させられました。多くの娘たちがテントに入る前に泣いたり叫び声を上げたりしました。テントの外には胎児が山積みされ、ひどい臭いでした。二週間の間に、妊娠していたすべての女性が中絶手術と不妊手術を同時に受け、妊娠可能年齢のすべての女性が不妊手術を受けました」。

強制手段の行使をきわめて特徴的に物語っているこの証言は、彼らが宗教家であるだけに割り引いて考えるべきだろう。私たちは今では欧米諸国における「プロ・ライフ（生命尊重）」運動（カトリックであれプロテスタントであれ）の立場や固有の言い回しは承知している。さらに一部の証言で留意すべきは、チベットの農村部の女性たちは中絶手術と不妊手術の違いが分かっていないということだ。フランス人であっても、外科手術の傷痕からその内部がどうなっているかは分からないのだから無理もない。

証言二　一九九二年、青海省の多巴郷で産児制限キャンペーン推進のため、拷問するぞ、という脅迫が行われたとする人物の証言。

――一日に五五人の女性が不妊手術を受け、総数一七〇〇人に上った。

――キャンペーン中、六〇〇人の妊婦が中絶手術と不妊手術を同時に受けた。

（この数字は未確認である）

証言三　一九八七―八八年、四川省のセルチュのチベット人男性。

「農村や遊牧民の女性はおちおち自宅に居ることができなくなりました。例えばデンコック地方では、村の役人と医師がすべての既婚女性の家を訪れて、不妊手術を受けに行くよう強制しました。その後女性たちは役人や医師の姿を見かけると、山中に隠れたり他の村に逃げ込んだりするようになったのです」。
◆この地方の巡回医療班の一つに所属していたある公務員は、実力行使があったかどうかは語らないが、「不妊手術は義務づけられていました」と、述べている。
◆デルゲのある医師の報告は、一九八七年と一九八八年のカンゼの農村部で政策を実施するのに実力行使があったことを証言している。
証言四　亡命したチベット人医師、タシ・ドルマ。
女性に不妊手術を「承諾」させるため、「遊牧民に対しては羊を一頭没収する、政府関係の職員であれば解雇する、農民なら耕地を没収する、などの実力行使が行われていました」。「身体的暴力が振るわれたのは見たことがありません」と、言っている。
証言五　ガパの看護婦、ニマ。

「女性が罰金を収められない場合には、役人たちは家畜を没収しました」と言う。身体的暴力があったかどうかについては語らない。

証言六　夫たちの中には、妻が中絶手術や不妊手術を受けるのを拒否したため、殴るぞと言われたり、逮捕するぞと脅されたケースもあった。妻（子ども二人）が不妊手術を拒否したためにその夫が逮捕され二〇日間勾留されたケースでは、妻が「承諾」したところ釈放された。

中国政府の産児制限運動が近年、拡大していることに注目し、公式資料とさまざまな証言とを突き合わせてみると、産児制限は中国人女性および少数民族の女性たちにますます徹底して行われていることがわかる。

産児制限を実施するための組織的な抑圧や約束された褒賞がどうであれ、この人口抑制運動は男性権力によって管理運営され、女性の自分の身体に関する選択の自由を侵害するものである。これは女性に対する暴力の最悪の形態であり、中国が批准した次の国際条約に違反している。

世界人権宣言　（一九四八年）

女子差別撤廃条約　（一九七九年）

産児制限運動は、人口の少ないチベット人に対するまさに文化的な民族大虐殺であり、次の条約に違反する。

拷問及びその他の残虐な、非人道的な或いは品位を傷つける取扱い又は刑罰を禁止する条約（拷問禁止条約）　（一九八四年）

集団殺害罪の防止および処罰に関する条約（ジェノサイド条約）　（一九四八年）

（一九九五年一月八日）

（注1）反女性差別団体「ＳＯＳ－性差別」代表
（注2）私（筆者）が企画した女性活動家たちの旅行
（注3）中国の属領の人口
（注4）ここで言う重篤な病気とは、「新生児の質の向上」法の第三八条で次のように定義されている。「罹患者の自立して生活する能力を、全面的あるいは部分的に損なうもの。次世代に再発する可能性のあるもの。医学的見地から生殖に不適切と見なされたもの」。
（注5）欧米では、中絶手術をされても例外的に胎児が生き残り、成育力があるケースでは、その子どもは養子斡旋団体に引き取られる。
（注6）フランスには、医師が中絶手術を行うことを拒否するのを認める良心忌避条項があるが、中国には存在しない。

（訳　迫　絹子）

参考文献

《Children of despair : an analysis of coercive birth control in Chinese occupied Tibet》- Martin Moss-Rapport n° 3-*Campaign free Tibet*, aug. 1992.
《On human rights violations against women in China and Tibet.》
《Impressions du Tibet 1991-1992》-*Groupe de Tibétaines de France*, sept.1992.
《Chinese Settlers and Chinese Policies in Eastern Tibet, Results of a fact finding mission in Tibet》-*International Campaign for Tibet*, sept.1991.
《Denial of Tibetan women's right to reproductive freedom》- *International committee of Lawyers for Tibet*, 1/10/1994.
《Violence against Tibetan Women》-*International Committee of Lawyers for Tibet*.
Quotidien du Médecin, 16/11/1994.

《Documents on birth control》 - *Tibet Information Network*, mars.1994.

《Survey of birth control policies in Tibet》 - *T.I.N.* Background Briefing Paper, 30 mars 1994.

《The struggle for freedom》 - International year of Tibetan women, 12 mars.1994/1995, *Tibetan women's association*.

《Violence against Tibetan women - violation of Reproductive Rights and Torture in Detention》 - *Tibetan women's organisation in Switzerland*-T.W.O.S., octobre 1994.

《Women and Human Rights in Tibet》 par Yangchen Kikhang - *Women against fundamentalism*, n° 5, 1994.

Women's news digest , nov.93 et nov.94.

第Ⅵ章　中東

1　イスラエル占領地域のパレスチナ人女性

フランソワーズ・ドーボンヌ

1　パレスチナ人女性

(A)　モニク・エチエンヌのインタビュー(注1)の中で、アマル・クウェイシュは「今こそ私たちは女性の権利のために闘うべきです」と宣言し、次のように続けている。「アルジェリアの女性たちの身に降りかかったことが、わたしたちには起こらないという保証などありません」。

アルジェリアの女性たちの権利が剝奪され、その地位が低下し、今日では身体的な危機にまでさらされている状況は知るところである。政府の力の後退とは対照的に、勢力を伸ばすFIS（イスラム救国戦線）の意のままになっている。

祖国解放のために闘っているパレスチナ人女性は、自分たちの最重要課題は社会的権利を求める闘いであることを忘れてはいない。

——女の子は、生まれたときから両親に失敗とみなされ、妻となり母となるように育てられる。奴隷になることを教え込まれる。女性は、完全な権利を持った人間としては認められていないのだ。

これは、いつの時代にもある世界的な問題である。ユダヤ人および黒人の人間性を剝奪しようとしたナチスは、女性に対して、あらゆる国の家父長制の歴史に見られるような行動を取った。すなわち、産む役割に女性を押し込め、人間以下の生き物とした。今日、イスラム世界がこうした動向の極みにあるが、このような動きは西欧も含めたあらゆる地域にあったし、また、今もあるということを忘れてはいけない。

――完全に男性支配の家族の中で、妻や娘や姉妹には発言する権利がまったくない家父長制社会にも、女性が民族闘争へ参加するようになり、部分的ではあるが変化が生じた。一九六四年は、「全パレスチナ女性連合」が誕生した極めて重要な年である。深刻な経済危機の中、耕作地の減少により小規模地主がイスラエルの日雇い農民になっていった時代である。

高学歴の若い女性たちは、これまで富裕階級の女性たちの唯一の社会活動の場であった慈善奉仕委員会にはなじめず、労働者や農民の女性たちの権利要求の運動に合流していった。このような流れの中で、労働権は死活に関わる最重要課題となり、四つの女性団体（パレスチナ解放人民戦線寄りの二団体とファタハ［パレスチナ民族解放運動］系の一団体とパレスチナ共産党系の一団体）がつぎつぎと運動に参加していった。

――インティファーダ［占領下パレスチナの住民蜂起］以降、パレスチナの女性たちは優先順位の見直しをした。民族闘争運動における自分たちの地位に納得できず、有権者の五三％は女性であることを改めて主張した。つまり、多数派の人間が少数派扱いされているのは南アフリカだけではなかったのだ。「それに、特殊技術者や医師、エンジニア、大学人の中にも女性はいるのですよ」と、アマル・クウェイシュは念を押す。こうしたエリート女性たちもマホメットの名において、ベールをかぶり、ハレムへ帰れというのだろうか。

イスラエルとの交渉の場で出す提案事項を作成するため、各分野の専門委員会が設立された時に任命された委員は、数百名の男性と、たった五人の女性だった。

パレスチナ民族運動はイスラム原理主義と妥協するべきであるとされた結果、ガザ地区に入る女性は、キリスト教徒といえどもベールをかぶらなければならない。いつ閉じこめられるのか？ いつ働くことを禁止されるのか？「彼らはそうすることを望んでいるのですよ」と、アマル・クウェイシュは断言する。だからこそ、クウェイシュらの運動「女性労働者連合」は家庭における女性の権利の重要性を強調する。家庭内から抑圧が始まるからだ。

証言

専門委員会メンバーのリーバ・ディアブは「社会活動女性委員会」の事務局長である。三児の母でもあるリーバはファタハのメンバーであることを理由に一九七六年七月に逮捕され、三年の懲役刑に処せられた。一九七八年に釈放されると、ヨルダン川西岸地区に居住することを指定され、そこで学業を続けた。一九八一年、ＰＬＯ（パレスチナ解放機構）に所属していることで告発され、再逮捕。三カ月半にわたって取り調べられ、心理的拷問を受けた。尋問による嫌がらせのうえに、食事と睡眠を与えられず、汚れた袋をかぶせられて窒息しそうになったり、時期によって炎天下や寒気に何時間もさらされた。女性囚たちは狭い独房に立ったままの状態で閉じこめられ、水道も明かりもなく、床は排泄物に覆われている。全くの孤立状態で、家族にも会えず弁護士とは接見禁止である。

そのような状況で抵抗を続けたリーバは、最後には監守たちの尊敬の気持ちを勝ち取った。「廊下で、私にあいさつするようになりました」と、彼女は誇らしげに語った。

別の刑務所に移されると、そこには政治犯ではないイスラエル人女性たちがいて、教育を受ける恩恵にあずかっていた。パレスチナ人女性たちには何も用意されていなかったのでリーバは学習の場を作り、女子服役者のまとめ役に選ばれた。イスラエル軍服の縫製を拒否した時には窓からガス弾を打ち込まれ、中毒したり火傷を負った者も出た。死の収容所から生還した人々が入植したこの土地に、意外にもナチスのやり方が蘇っている。

一九八四年にリーバは釈放されると結婚し、女性解放民衆運動のリーダーになる。それから四回、証拠もないのに逮捕される。四回目に逮捕された時には妊娠中で、上の子はまだ手のかかる赤ん坊だった。

イスラエル側でも、パレスチ女性囚を支持する声がある。イスラエル女性機構の議長である、ユダヤ人のハヴァ・ケラーは、パレスチナの女性活動家と連帯している。彼女の息子は占領地域での兵役を拒否したために三カ月投獄された。ハヴァは毎週金曜日に刑務所まで行き、女性囚たちのその後を調べてフランスのフェミニズム系報道紙に報告している。やはりユダヤ人女性であるマヤダ・アバシは、二世紀前のオランプ・ド・グージュ〔仏革命時に『女性および女性市民の権利宣告』を著す〕にならい、女性たち皆で新しく『女性の権利宣言』を作成するつもりであると表明している。

女性解放運動家であるアルジェリア女性のハリダ・メサウディは、パレスチナ人女性に非常に近い立場にあることを表明して、次のように述べている。「アルジェリア同様パレスチナでも英雄や戦士は男たちだけではない。女たちも民衆運動に参加してきたのに、今日では、その女たちがイスラム原理主義の第一の標的にされている」。

パレスチナ解放闘争に出会ったプロヴァンス地方出身のフランス人女性は、『パレスチナのために死す』と題する、この地への愛を綴った美しい長編詩集を残した。祖国を失い市民権を剝奪され、出産や子育てにやつれながらも解放闘争を続ける女性たちと共に彼女は生き、パレスチナの女たちへの讃歌を高らかに歌い上げた。

（B）以上の内容は、「フランス女性連合」の機関誌クララ・マガジンの取材によるもので、どちらかといえばパレスチナ共産党系の考え方を反映している。イスラム原理主義といくつかの点では明らかに同調する宗教勢力と比べれば、当然少数派でしかない立場である。宗教界と原理主義との接近が、解放闘争の只中にある女性の地位を危険なまでに悪化させていることは、『パレスチナ女性の権利／所信表明』(注2)の草稿中にある「後退」という表現によっても明らかである。

一九八八年、「パレスチナ民族評議会」第一九回会期の審議で、「人種的・宗教的・性的差別および政治思想的差別の撤廃」に基づく制度を確立する趣旨が明示された。

一九九四年九月二〇日にエルサレムに結集したある女性団体はこの前文を引き、これを将来のパレスチナ憲法に盛り込み、パレスチナ人女性の地位の基盤とすることを要請する文書を発表した。

しかし、同文書では、パレスチナの女性たちがアルジェリア女性のように国家の大義を笠にきた連中の犠牲になるかもしれないという危惧が声高には表明されていない。確かに、女性たちは「司法・立法・行政」のポストに恵まれている男性と「同等」に扱われるべきだと要求しているし、「人類の進化のレベルは女性の権利の確立で測られる」ということを引いている。しかし、「男たちと手を携えて」（どの男たちか？）、「アラブ文化の肯定的な面」を保存することを主張しながら、その「肯定的面」については何も語られていない。「肯定的面」というあいまいな言葉のおかげで、女性に対する抑圧や蔑視や服従関係を含む有害な「否定的面」への批判が巧みに避けられている。そのうち、原理主義者たちはこうした不公平な事柄を「肯定的なアラブ文化」として堂々と主張し、実行さえするだろう。パレスチナ人女性は、民族闘争への女性の「計り知れない」貢献と「社会の基盤としての家庭」を守ってきたことへの功績を繰り返し強調するが、一夫多妻制、不平等な相続制度、父権など、家庭から始まる性の不平等という根本的な問題には触れていない。(注3)

「民族的・愛国的闘争の目的に向かって努力を傾けるために」そうした問題は後回しにせざるをえなかったのだとパレスチナの女性たちは主張するが、自分たちの要求を通すにしては弱腰な態度だ。このような態度は女性に限らず、抑圧者の中の進歩派と手を組む、抑圧されている少数者すべて（女性の場合、数は多数だが）が犯す「お定まりの戦略ミス」だ。進歩的なことを言っていても、征服者になったとたんにそんなことはすぐに忘れてしまうものだ。搾取されてきた労働者階級とブルジョワ知識階級が同盟した一八四八年のフランスの二月革命以来、相変わらず同じ過ちを繰り返している。

権利の平等は「男性と女性の解放」にとって不可欠の基盤であるとパレスチナの女性たちは言うが、男性が一体何から「解放」されるべきだと言うのだろう。パレスチナにおける共通の闘争は民族解放の立場に立ったもので、女性だけを対象とした「解放」に向けられたものではない。

要求に上っているその他の権利は慎ましくも当然の事柄である。移動や旅行の権利、外国人と結婚してもパレスチナ国籍を保持する権利、希望に応じて配偶者や子どもがパレスチナ国籍を取得できる権利などである。最後に、母親賃金の要求があるが、こんなものは見せかけの優遇措置で、女性を労働市場から締め出し家庭へ追い返すための、権力者側の見え透いた罠だ。欧州のフェミニストたちは皆拒否している代物である。

女性蔑視、強制された結婚、イスラム教徒と結婚する義務、差別、ベールの着用、相続における不平等、独身の娘の自宅監禁といった面を持つ伝統文化に対する批判がどこにも述べられてはいない。教育や職業訓練を受ける保証を要求しても、女性の地位を実家や婚家の家庭の中に限定するような伝統的風習に切り込んでいかなければ、いつまでたってもお題目でしかないのだ。

不幸な事態になることは火を見るよりも明らかだ。原理主義者たちはパレスチナ民族闘争運動にすでに潜入しており、勝利した暁には、女性闘士たちに、アルジェリアの女性たちを現に苦しめているあの「家族法」を課し、多くのイラン女性を血祭りにあげたような抑圧的な残忍さで迫るであろう。

2　パレスチナ女性囚

家父長制の文化環境の犠牲になっている中東の女性たちのなかでも、パレスチナ人女性政治犯に対する抑圧が特にひどいことを言っておかなければならない。彼女たちは女性であるがゆえに、なおさらひどい扱いを受けているのだ。たとえば、家の中にパレスチナのシンボルを飾っていることで逮捕されるのは女性に限られているように思える。家庭を守っている女性はこの種の違反で嫌疑をかけられやすい。「投石による戦闘」が身体的弱者である子どもたちの命を奪っているのと並んで、イスラエルにおける女性囚は他の国と同様に警察暴力の格好の標的になっているようだ。

「イスラエル女性連盟」とWOFPP（政治犯擁護女性機構）がパレスチナ人女性の政治犯が受けた虐待例の要約を作成しているので、一九九一年の実例であるが、いくつかを取り上げてみた。当時、イスラエルとPLO間の一時的な緊張緩和があったにもかかわらず、虐待行為に改善は見られない。

証言

兵士を殴ったことで九月二二日に逮捕されたラナ・アブ・キシェク（一六歳）は翌年三月一八日に有罪を宣告される。兵士の怪我は大したことはなかったが、評決は懲役八年六カ月だった。一方、一三歳のパレスチナ人の少年を銃殺したことで有罪になった将軍は、六カ月の停職処分になっただけである。また、逮捕した男を取り調べ中に殴り殺した公安警察官二名に対しても同様の停職処分だけであった。

ラナ・マンスールはパレスチナのシンボルで家を飾っていたとして、三月一七日、アッカーで逮捕された。

エインアリクに住むマイェル・ガシン（二〇歳）とビティニに住むその従妹マナル（二七歳）は六月一五日に逮捕されたが、双方とも顔面を蹴られた上に弁護人との接見も許されず、五日間独房に閉じこめられた。

ビファ・シタイ（三二歳）は独房内で発病したが縛られたままであった。弁護人との接見は禁じられ、勾留中の度重なる取り調べは後ろ手に縛られ、頭には袋をかぶせられて行われ、極度の疲労に見舞われた。九〇センチ四方の真っ暗な棺桶のようなものの中に閉じこめられたこともある。両足が腫れ上がり、顔が黄変したことを後に母親が確認している。時々は狭くて臭い独房で束の間の休息が許された。六月二〇日になってやっと、女子刑務所に移された。

イスラエル兵に投石した（嫌疑をかけられた）少女シファ（一六歳）には、身分証明書の偽造にかかわった叔父がある。家族の名誉を回復したかったと言う少女は、監房のベッドの上で死亡していた。その二日後、同室の女性囚が殺したことを認めた。普通では考えられない出来事だ。調査官の公式見解からは、同じ監房に政治犯や政治犯ではない囚人と精神病者を一緒に留置していることからくる、緊張の連続が原因として浮かび上がってくる。(注4)

キシャムの女性囚たちは拘置所に生活必需品がないことを嘆いている。生理用ナプキンもないので、面会者の少ない政治犯の女性たちはシーツを裂いて代用品を作らなければならない。

八月五日に逮捕されたサアド・ガネイム（三四歳）も弁護人との接見の権利を認められなかった。連続二四時間にわたった取り調べは、立ったままで後ろ手に縛られ、頭に袋をかぶせられて行われた。取調べ官は次のように明言した。「あなたを殺さないかぎり、私たちには何をやっても良い権利がある」。取調べには検察側の証人の女性が喚問されたが、不自然な様子で、問題とは関係ないことしか話さなかった。サアドは一九九〇年、イタリアで弁護士をしていて、逮捕当時は労働許可証の発行を待っていた。

シファ・エスカアク・アミド（二七歳）は、一一月一一日、勾留されていた他の女性と口論になり、「身の安全のために」隔離された。しかし、隔離房は実のところ面会室で、彼女を凌辱しに二人の男が侵入してきたのだ。シファが叫んだので、罰のために後ろ手に縛られ、汚れた袋を頭にかぶせられたままで丸二日間放置された。シファは皆と一緒の監房に戻ることを要求して、ハンガーストライキを続けた。他の女性政治犯たちもシファを返すように求めたが、当局は拒否。弁護人が高等法院に提訴すると脅すと、シファはマシャロンに移された。

二月一二日、テルモンの刑務所で監房を消毒するために女性囚たちがホールに集められた。ホールの消毒の番になって、女性たちがまだ中にいるのに消毒用の煙が焚かれた。むせる女性たちは次に配膳室へ連れて行かれるが、故意にドアがあおられて怪我人が出、一人が入院する騒ぎになった。監守の責任者はこの一連の事態に対して、譴責処分を受けただけであった。一方、女性囚のほとんどが、歌を歌ったというだけで一カ月の面会禁止になった。彼女たちの多くは年始以来家族に会っていなかったというのに。

アシュケロン拘置所――ラファ（ガザ地区）の難民収容所から来たハナン・アブ・リジャル（一七歳）は一月三日、非政治犯のイスラエル人女性と一緒に捕まった。二月一九日、一人の警部がハナンを別の監房に移し、後ろ手に縛ってから叩きはじめた。それを見て、助けを求めて叫んだサディジュ・エル・サディという女性囚は、引きずり出されて手錠をかけられてしまった。他の女性囚も彼女たちへの暴力を阻止しようと叫びだし、一斉暴動が起きそうになってやっと、虐待は止んだ。

病人への虐待――ジャファ出身のナディア・マハミド（二九歳）は甲状腺を切除しているが、病院で処方された薬を与えてもらえなかった。また、ガバリアの難民収容所から来たネメ・イルー（三八歳）は片目を失明していて、もう一方の目の視力も衰えてきているのに、病院で治療することが認められなかった。

アスカの難民収容所から来た少女サナ・モルジャン（一八歳）は、麻薬中毒者たちと一緒の監房に収容された。

七月三一日、女性囚たちのハンガーストライキに対して刑務所当局は、首謀者のインティィサ・エルカクを隔離しようと企み、彼女の赤ん坊ヴァタンは病気で手術を受けなければならないという口実で母子を移送した。しかし、行った先は病院ではなく、ネヴェ・トゥサ刑務所に収容された。母子はイスラエル人の非政治犯や麻薬の密売人と中毒者の中に入れられ、嫌がらせと辱めを受けた。テロリスト呼ばわりされ、一人の女性囚が赤ん坊を撫でようとすると、皆から「その残忍な女に近付くな！」と、激しい調子で阻止された。

（注1）*Clara Magazine*，一九九三年十二月号
（注2）*Études palestiniennes* n°.2, Ed. de Minuit.
（注3）次のような例を忘れてはならない。「結婚初夜に妻を叩く習わしは、誰が主人であるかを妻にわからせるためにある」。
（注4）*Clara Magazine*，一九九三年十二月号

（訳　高橋雅子）

2 イスラエル人女性

ダニエル・ベルタン＝ブナカン

イスラエル人社会は民族のモザイクで構成されており、どのような場合にも均質社会とみなされることはありえない。一九七四年にコレット・アヴィタルが「女性の一つの状況ではなく、女性たちの様々な状況についてしか語れない」(注1)と断言したのはこうした理由からである。当時、ユダヤ女性の状況がアラブ女性の状況とかなり似通っていたとしても、東欧出身のユダヤ女性はイスラエル入植時にはある程度解放されていたことは明らかである。反面、北アフリカ出身のユダヤ女性は幾つかの伝統から自由になるために努力しなければならなかった。特に、何世紀にもわたって女性のものとされてきた役割を、自分の家庭においてすら、果たさなくてもよいことを理解しなければならなかった。

さらにC・アヴィタルは、女性解放の進行を妨げる大きな障害のひとつに、男たちの取っていた態度があげられると主張する。男たちは家庭内のあらゆる変化を拒絶し、女性兵士の教育的活動を快く思っていなかった。「ヴィゾ」、「女性パイオニア」、「イルグン・イマホト」、「オヴドト」などの多くの組織による活動を、彼らはうさんくさいものと決めつけていた。これらの女性団体は、二〇世紀のイスラエルの現実に対して女性たちが適応できるように支援することを第一の使命としている。

法律的には、イスラエルでは一八歳以上の男女に選挙権が与えられている。また、一九五一年法で、民法上の平等を女性に認めている。一九六四年、クネセット（国会）で賃金の平等を命じる法律が採択された。にもかかわらず、当時要職に就けた女性は実際にはほとんどいなかった。

本当のところは当時も今も、ユダヤ教会と政府は分離していない。つまり、個人の社会的地位に関わる法のことは今日もなお、宗教裁判所の手に握られている。その証拠に〔宗教戒律に基づかない〕民事婚はありえず、二度目の結婚の場合は管轄権限を有する宗教裁判所の許可がなければできない。

一九七八年から一九八〇年にかけて、多くの女性たちがその宗教的伝統の束縛を解こうと立ち上がったのも、宗教と国家のこうした融合があったからであろう。宗教的伝統により、女性たちは何千年にもわたって公然と差別されてきたので、自分たちを排除するような宗教行為の廃止を求めたのだ。その活動は、特に「新ユダヤ教徒」と呼ばれる集団を拠り所としてきた。勢力を増しつつあるこの信徒集団は「ユダヤ人であること」(注2)に精神的意味を与えることに熱心で、女性を対等なメンバーとみなしている。しかし、六〇年代から七〇年代にかけて生まれた希望は、その後ふくらんでいくことはなかった。その反対に、ティクヴァ・ホニグ゠パルナスが指摘するように(注3)、一九六七年以降、ユダヤ教の正統派の中においてさえ原理主義に基づく保守的な運動が拡大し、社会的にも政治的にも顕著な力を持つに至っている。彼女によれば、この二〇年間に生まれたあらゆる宗教の原理主義に言える共通点は、宗教についての彼らの解釈を政治運動を媒介にして社会に深く植え付けようとすることだ。はっきり言って、女性の役割を定義することは原理主義路線において大きな意味を持ち、その目的は何よりもまず宗教法を共同体全体に強いることにある。

したがって、出産、子どもの教育、さらには結婚といった事柄はいずれも、戦略として、原理主義者の権力行使を可能にする重要な領域なのである。

ホニグ゠パルナスによれば、原理主義運動が躍進し、愛国主義運動と合流するようになるそもそもの原因はシオニズムの基盤自体にある。事実、「シオニズム運動はユダヤ教の公認教義と袂を分かつことはなく、反対に、ユダヤ教が伝える神話やシンボルを進んで受け継ぎ、保存してきた」と彼女は断言する。さらに核心に触れて「ユダヤ民族の約束の地とされるパレスチナを正統な権利として要求するために、シオニズムはその本質として宗教的伝統を必要としていた」と指摘している。

つまり、宗教政党が勢力を持っているので、今でも様々な分野で宗教法が安泰なのだ。一九四七年、ベン・グリオン率いるシオニズム運動「アグダト・イスラエル」が宗教政党に提案した法制が今もなお通用していることは注目に値する。

この法律が誕生、結婚、離婚、葬式と同じく食物―カシェルート(注4)―を規制しているという事実から、女性に対して行使される権力範囲の広さがわかる。

現在、イスラエルでは、夫の同意なしには離婚はできない。たとえ夫が殴ろうが、獄中にあろうが、さらには精神障害者であってもだ。

女性に対する差別はもっとある。既婚女性は夫としか性的関係を結べない。それにもかかわらず、法律に背いて不倫の子を産んだら、その子どもは宗教法にかなったいかなる認知も得られない。

法体系に覆い被さる数々の宗教法は、女性の地位に関してさらに深刻な影響力を及ぼしている。宗教法は、女性への抑圧行為に対してまさに社会的な根拠を提供しているのだ。その結果、抑圧が正当化され、何十年も前から民法が認めている両性の平等が事実上無効になっている。

原理主義運動が躍進するかたわらで、イスラエル社会は占領が引き起こした破綻の広がりと深刻な政治的結果に苦しんでいる。

エレラ・シャドミ博士（女性）(注5)によれば、占領地域を長期にわたって維持するための政治戦略というものは、その戦略上生まれる暴力を段階的に正当化していくものである。そしてさらに、そうした暴力は当たり前のこととされるようになるのだ。

また、同博士によると、一種の「暴力の一般化」が確認されている。つまり、日常のあらゆる行為に暴力が見られ、合法的手段を都合良く取捨選択しながら、社会的弱者に暴力が振るわれている。

このような暴力の対象から女性が除外されているとは考えにくい。

最近の調査(注6)で、イスラエルではこの数年間に夫婦間暴力が著しく増加していることがはっきり示されている。それによると、一九九一年には四〇名に上る女性が夫に殺害されている。明らかに、湾岸戦争のために特に緊張が高まった年だ。幸い、翌年以降は数値がかなり下がっている。

にもかかわらず、約二〇万人の女性が夫婦間暴力の犠牲になったと各フェミニスト団体は見積もっている。その内で毎年四千人の女性が専門ケア施設に受け入れられている。

さらに驚くべきことには、一四%の男性と七%の女性(!)が、殴るなどの身体への暴力は状況によっては許されると考えていることが同調査により明らかになった。

これまで、イスラエルにおける女性解放運動は、イスラエル国家とシオニズムが拠り所にしている思想体系を再検討しないまま行われていた。言い換えれば、現行の制度の中で解決方法を探すにとどまっていた。

男も女も、何世代にもわたって、暴力以外の選択が与えられてこなかった。しかし、抗えないものと思われ続けていたことに対して、女性たちが、特にフェミニズム運動が新しい解決策を提案しようとしている。彼女たちは、「社会的対話・責任・共生・平和」に基づく信頼を拠り所とし、暴力の連鎖反応を断ち切れるような一連の態度・行動を起こしていこうと模索している。

(注1) Avital Colette, *Regards*誌　n°83, 一九九四年三月号
(注2) Yiddishkeit－ユダヤ人[ユダヤ教徒]であることの意。*Les Nouveaux Cahiers* n°53, 1978, pp.28-32. Esther Tickin.

（注3）Honig-Parnass Tikva, *News from Within*, 一九九二年一〇・一一月号
（注4）Kasherout—ヘブライ語。ユダヤ教を支配する食物法全般を指す。
（注5）Shadmi Erella,《Occupation, Violence and Women in Israeli Society》, *News from Within*, 一九九三年五月号。二二―二三頁
（注6）*Win News*, 一九九四年

（訳　高橋雅子）

3 イラン女性とイスラム原理主義

アクラモサダト・ミロセイニ（注1）

1 イラン、残酷博物館

二一世紀に世界中の女性たちが解放され、昔、自分たちがそうされてきたように今度は男たちを性愛の対象におとしめ、平和と繁栄の時代を築いているというサイエンスフィクションを数年前、あるフェミニストの女性作家が書いた。その中で、生き残った男権主義者たちはオーストラリア大陸に立てこもり、『男の幸福』（同書のタイトル）に基づいた女性蔑視の恐怖政治体制を敷く。女たちは強制的に子どもを産まされ、あらゆる公民権を剥奪され、動物のように追い詰められ、迫害され、重く着心地の悪い服を着せられ、警察の特別捜査班に尾行され、ナチスがユダヤ人にしたと同じように、様々な口実で逮捕され、公開で鞭で叩かれ、頻繁に処刑される。

世界中の女性が解放されたわけではない。それどころか、二〇世紀末だというのに、ジョージ・オーウェルの『一九八四年』のようなこの「逆ユートピア」は不吉な予言と言うしかない状況だ。この作品中に描かれている女性に対する常軌を逸した迫害が、オーストラリアでこそないが、イランのムッラー〔イスラム世界で立法学者などに対する尊称〕の体制下で行われているのだ。

『イラン女性の勇気』（注2）と題されたアクラム・ミロセイニへのインタビューを読んだだけでもそのあ

らましがわかる。

彼女は、自分の人生をめちゃめちゃにしたムッラーたちのことを「ターバン」と呼ぶ。母親がそう呼んでいたからだ。王制反対デモが起きた当時、母親は「ターバンには気をつけなさい」と言っていた。しかし、アクラムをはじめ多くの人々は当時、聖職者の後についてデモをし、ホメイニ師を支持するスローガンを叫び、王制を打倒した。

一五年後、アクラム・ミロセイニはすべてを失い、たったひとりで亡命生活を送る身の上となった。仲間のイラン人たちが手紙や本国の新聞を届けてくれるので、丹念に読んで情報を得ている。亡命生活の日々を送るうちにレジスタンスへの使命感が徐々に高まり、現在アクラムはパリの「イラン女性連盟」(注3)の会長である。一九八九年に「イラン人権機関」の支援によりアクラムが創立した組織だ。

彼女は待ち合わせの場所に目立たないカフェを指定した。身の安全を考えてのことだと言う。それでも、席に着く早々、彼女は黄色いプラスチック製の小さな箱をバッグから取り出し、インタビューの間中、手に持っていた。それは警報器で、少しでも怪しい動きがあれば鳴らすつもりなのだ。

青白くやつれた顔で現われた彼女は、祖国の女性たちが憎悪の対象になっていることを何時間にもわたって語った。その間、まるで強迫観念に取りつかれたかのように何度も言うのだった。「世界中の女性に言ってください。イスラム教国の、特にアルジェリアの女性たちに。このような事態が自国で慢性化しないように努めてください。私たちイラン女性は本当に苦しんできたのです」。

マリ・クレール誌(以後M・C) 一九九二年の夏以降、女性に対する抑圧が深刻化してきましたが。

アクラム・ミロセイニ(以後A・M) 正確には一九九二年七月一三日以降です。その日に、イスラム革命の新指導者アリ・ハメネイが演説し、その中で、「女性がイスラム法典を厳守しているかどうか目を光らせるように」と言ったのです。それ以来、嫌がらせの風潮がこれまでになく広がっていったのです。バシジという現体制タカ派の武装グループに、数百人の女性が捕らえられ、暴行を受け、侮辱されたのです。バシジは非常に若い青年たちで、すっかり「洗脳」されているのです。

M・C　と言いますと？

A・M　彼らは貧しい家庭の子どもたちで、簡単に操ることができます。本格的に洗脳された後に銃を与えられ、「西欧文化の進出」に対して戦うのです。攻撃の対象になるのはほとんど女性です。なぜかと言うと、自分たち以外の階層の人々を攻撃するには彼らの家に入り、どういう生活をしているのか確かめなければなりません。それは当然のことながら非常に難しいことです。ところが、街の中なら外見だけで攻撃できますから、女性に対してあらゆる蛮行が振るわれることになるのです。女性をののしり、口にするのもはばかられるようなおぞましい言葉を吐き、殺すこともあります。一九九二年の夏、テヘランで一三歳の少女が、バシジが襲ってくるのを見て逃げ出しました。五階建ての建物に逃げ込み、屋上まで上りつめたのです。バシジに捕まえられそうになり、恐怖におびえた少女は空中に身を躍らせて即死しました。また、テヘランの二人の女子学生のケースでは、学校を出たところでバシジにベールのかぶり方が悪いという理由で攻撃されたのです。

M・C　バシジは大勢で襲うのですか？

A・M　はい。男たちをいっぱい乗せた大型車二、三台で来ます。その時はバイクでした。彼らは女学生たちをワイヤロープで叩いたのです。通りがかりの人たちがこれを見て止めに入り、暴行から彼女たちを救ったのですが、病院へ運び込んだ時には手遅れでした。脳出血で二人とも死亡しました。

M・C　この場合、止めに入った人たちがいるのですね。

A・M　しばらく前から人々は無関心ではいられなくなっています。こうした蛮行を許せないと思っている聖職者がいることも事実です。今や、女性たちも抵抗しています。ベールをかぶらずに車を運転する女性もいます。命に関わる行為ですが、それもひとつの抗議の仕方です。また、ピンクのコートを着たり、赤いスカーフを巻いて外出する女性もいます。ご存じのように、イスラム・カラーは黒、チャコールグレー、紺などの地味な色です。街の中を赤いスカーフで歩くことは抗議の行動なのです。髪を短く切って男装する女性もいます。

彼女たちは信じられないくらい勇敢です。イスラムにかなった服装をしていないことで逮捕され、投獄された若い女性たちも、釈放されるとすぐに「簡単にはへこたれないわよ」とでも言うかのように、ベールを浅くかぶって歩くのです。

女性たちは組織的にも体制に抵抗しています。宗教行事にかこつけた集会で、百人、二百人の女性たちがベールを脱いで歌ったり踊ったりして、少しばかり自尊心を取り戻すのです。そのなかには知識人や弁護士の女性もいます。そこで知り合った女性たちは小規模なグループを組織していきます。

また、新聞に掲載される公開状という形での抗議もあります。その中のひとつは次のように始まっています。「イスラム体制政府殿。私はどうすれば良いのでしょう」。話の内容はこうです。この女性の別れた夫には精神障害があるが、現体制に影響力を持つ一家の出なので何から何まで彼女に不利な書類をでっちあげ、その結果、裁判所は彼女から子どもを取り上げて夫に渡してしまったのです。

この種の不正は今や、紙面公開状で頻繁に取り上げられています。権力に抗議するためイランではよく取られる方法です。時には同じ内容の手紙が複数紙に何度も掲載されることがあるので、背後に何らかの組織が存在するものと思われます。

M・C　女性たちはイランから逃げ出したいと思っているのでしょうか？

A・M　多くはそうしたいと思っているのですが、既婚女性の出国は法律で禁じられているなどの理由で難しいのです。抑うつ症に陥る人もいれば、自殺者も出ているとの話ですが、その正確な数はつかめていません。イラン共和国の公式調査によると、イランにおける自殺者の割合は、世界の平均値のおよそ二倍に上ります。

抑うつ症については、ヨーロッパで夏のヴァカンスを過ごし、そこに残りたがっている若い女性に多く見受けられます。昨年の夏、ロクサーヌという女性と知り合いました。彼女はイランに戻らなくても済むように、フランスで結婚したがっていました。三〇歳の青年と知り合い、結婚を迫ったのですがだめでした。以来泣いてばかりの彼女に私は、卒業したら政治亡命者の身分になれるように何か方法を講じようと約束しました。それで、学業を終えに不承不承イランへ帰っていったのです。

M・C　イランのように国家の女性蔑視政策の犠牲になっている女性に対して、政治亡命は認められるのでしょうか?

A・M　ヨーロッパでは無理ですが、最近、カナダ政府(注4)がサウジアラビアから逃げてきた女性を受け入れました。強制された結婚の犠牲者であることが証明されれば亡命が認められるのです。

M・C　イラン政府が最近、法律で定められた女子の結婚適齢を下げたというのは本当ですか?

A・M　結婚適齢は一三歳以上ですが、簡単な手続きで出る医師の証明書があれば、父親は娘を九歳で結婚させることができます。次のようなホメイニ師の言葉をご存じのことでしょう。「父の家ではなく、夫の家で初潮を迎える娘を持つことは、男にとって幸せなことだ」。

M・C　少女の結婚はよくあることですか?　また、それで得をした人たちがいますか?

A・M　現体制初期にはありませんでした。今ほど皆が貧しくはなかったのです。しかし、現在では田舎の貧しい家庭では親が娘たちを売ることもあります。状況がさらに深刻化すれば、男の子たちもまた売られるでしょう。売春には男も女もないのです。

M・C　売春はイスラム体制では禁止されているのではないですか？

A・M　そんなことはありません。二、三年前にラフサンジャニ大統領は「一時的結婚」を奨励する演説をしました。内実は売春です。男性と独身の女性が短期間だけ無条件で「結婚」できるというものです。

M・C　服装の規範を監視する係の女性たちが養成されているというのは本当ですか？

A・M　はい。「イスラム文化を守る女たち」です。からかって、有名な修道女[注5]の名前をとりザイナブ・シスターズと呼ばれています。その残忍さは有名で、何百人ものイラン女性が犠牲になりました。たとえば、ある女性が街頭で捕まりました。口紅を塗っていたからです。ザイナブ・シスターズはそれを「拭おうとして」コットンを取り出したのですが、その中に剃刀の刃が隠されていたのです。その女性は顔面をずたずたにされました。政府の建物の入り口にはザイナブ・シスターズが配置され、女性たちを細かく点検します。薄いストッキングをはいていないか、マニキュアや化粧をしていないか、ボタンが全部かけられているか、ベールをきちんとかぶっているかなどを確認するためです。

M・C　女性用下着店の前にも監視が置かれているのですか？

A・M　監視が置かれているだけではなく、バシジがこれらの店を攻撃して閉店させてしまう事もあります。しかし、今は商人たちも抵抗するようになり、最近起こった攻撃事件では、暴動のような状態になりました。

　こうした嫌がらせが発生する時期には偏りがあります。女性に対する憎悪は幾つかの時期に高まりを見せています。特に国内の状況が全体的に悪化した期間と重なっています。状況が落ち着くと、憎悪も少し下火になるのです。

M・C　ベールをかぶっていなかった女性たちが硫酸をかけられて顔に火傷を負いましたが、まだそういう事件は起きていますか？

Ａ・Ｍ　硫酸事件は非常に早い時期、イスラム体制の初期の頃からありました。バイクに乗った男たちが、ベールをきちんとかぶっていない女性の前を通過しながら硫酸をかけるのです。このような蛮行が続いていることを知らせる報告書が時々送られてきます。

Ｍ・Ｃ　投石刑はどうでしょう？

Ａ・Ｍ　イランには統一された法体系がないということは、ヨーロッパの人にとっては想像しにくいことでしょう。「ターバン」は誰でも女性に不利な関係文書をそろえて、投石刑の評決を言い渡すことができるのです。彼よりも力のある人物を知っている場合には手加減してもらうこともできますが、そうでなければ、姦通罪で投石刑にあわずに済む保証は何もありません。

Ｍ・Ｃ　投石刑に人々が集まって、一緒になって石を投げつけることは今でもあるのですか？

Ａ・Ｍ　皆が知り合いの小さな村では公式行事に参加しないことでとやかく言われるのを恐れます。ところで、投石刑はかつて、そして今も公式行事のひとつです。現在、多くのイラン人はこのようなことすべてを拒絶し、ノーと言う勇気を持っています。抵抗運動が広がっているのです。街でタクシーに乗ると、運転手は現体制の悪口を並べたてます。沈黙の壁は倒されました。けれども、国民は丸腰なのに政府とその仲間は武装しているのです。

Ｍ・Ｃ　そのようなシステムがどのように家庭内に入っていったのですか？　男たちは自分たちの妻を虐げることに協力的なのですか？

Ａ・Ｍ　こういう話があります。先日、掛りつけのイラン人医師の所へ行った時のことです。彼は、二番目の妻をもらったばかりの外科医の友達のことを話してくれました。現体制が一夫多妻制を復活させたのはご存じでしょう。私の医者が「どうしてそんなことをしたんだ！　奥さんは君が学生だった頃から一緒だったのに、金持ちになったら二人目をもらうのか！」と、抗議したところ、外科医は「社会がそういう風にできているんじゃないか！」と、一笑に付したそうです。医者はこう言いました。「ひとりでもこういう男がいるというのは、イラン国民全体の価値観が現体制によって歪められている証拠だ」と。この話をしながら彼は目に涙をいっぱいためていました。祖国を恥じていたのです。イランの男たちは法外な権力を手に入れ、それを乱用しているのです。若者たちですらこうした考え方に支配されているのでとても心配です。

M・C　イスラム共和国になって一五年。ベール着用の義務について度々話題になりましたが、ベールの着用はサウジアラビアのように男女分離政策と一体化するものなのですか？

A・M　そういう傾向はあります。現体制が男女分離路線を進めようとしているのは確かです。高等教育機関の一部の学科は女子を受け入れていません。数学、自然科学、農業技術、鉱物学などです。また、イスラム自由大学では、階段が二つに分けられていて、一方が女子用、もう一方が男子用になっています。バスでは男性が前に乗り、女性は後部に乗ります。

保健衛生部門では、医療スタッフが著しく不足しているにもかかわらず、女性は女性スタッフが検査・治療し、男性は男性に診てもらうように、政府は病院を完全に分離しようとしています。一〇〇％女性スタッフの病院の第一号がテヘランに最近オープンしましたが、今のところイラン国内に女性医師はごくわずかしかいません。

最近、次のような話を聞きました。ある大変信心深い男が出産直前の妻を町の病院に連れていきましたが、産科の医師が皆男性だと知り、そこでの出産を拒否しました。陣痛に苦しむ妻を連れ、別の病院へ行きましたがそこにも女医はいません。仕方なくそこで出産させることに同意したのですが、手遅れで死産してしまいました。その女性がいかに苦しんだかは言うまでもありません。

M・C　イランの女性たちの身に降りかかっているそうした悲劇をかつて想像してみたことはありますか？

A・M　予測できたかも知れない、とは言えませんが、とにかく用心するべきだったのです。というのも、ホメイニ師はだれも騙しはしなかったのです。彼が実行したことはすべて前もって書き記されていたのです。私の世代の女性たちは、大卒で、王制時代にはそれにふさわしい地位にありました。王制反対のデモが起こった時には私も参加しました。その時母がよくこう言っていたのを覚えています。「一体このデモは何なの？　誰の後について練り歩いているの？」私は「ホメイニ師よ」と答えました。「それは誰なの？『ターバン』なの？」私はただうなずくだけでした。「情けない女たちね！ろくでなしだわ、『ターバン』に従うなんて……」母の世代は、最後の国王の父レザー・シャー・パフラビー即位前の宗教体制時代を経験していたのです。最後の国王モハンマド・レザー・パフラビーは、非難されるべき点はあったにせよ、宗教から独立した近代国家としてのイランを創ったのです。

M・C　つまり、お母さまは警告していらしたのですね。

A・M　はい、それもその時だけではありませんでした。ある日、母と一緒に車に乗っていた時のことです。それは、ホメイニ体制になって二年ほどたった時のことでした。当時、ベールの着用は成人女性には義務付けられていましたが、少女の場合は一部の学校で義務化されていただけでした。交差点にさしかかると、少女たちが横断していました。彼女たちはスカーフをかぶっていたのですが、母は眼鏡をかけていなかったのでそれがよく見えなかったのです。母が「あの娘たちは何？　何を頭にかぶっているの？」と聞くものですから、「スカーフよ。なんでそんなこと聞くの？　よく分かっているじゃないの」と答えました。すると母はこう言いました。「かわいそうに、身の破滅ね。いわんこっちゃないわ。あなたたちは自分で自分の首を絞めたのよ。彼らは一四〇〇年後戻りさせようとしているのよ」。当時、スカーフをかぶることは自分たちのアイデンティティーを回復し、西欧化に対抗し、植民地主義と戦うことだと確信していました。私たちが自由であることを証明したかったのです……

万事休すだと気付いたのはこの出来事から間もない頃でした。私は泥棒のようにこっそりと、トルコを通って逃げ出さねばなりませんでした。

その時以来、私は自国民に対して借りが出来たと思っています。私は彼らの破滅に加担してしまったという思いと激しい罪の意識に苛まれています。歴史が、そして子どもや孫が過ちを正してくれるまで待ってはいられません。負債を負ったのは私なのですから、返済するのも私自身なのです。

私の願いは、いつか堂々とイランへ帰って状況を変えるために尽力することです。でもきっと帰れないでしょう。今晩事故に遇うかもしれないし、明日銃弾に倒れるかもしれないですから。

A・C　恐いですか?

A・M　少し。と言うより、不安です。私は不安を隠していますが、日々の暮らしの中に特有の影を落としています。でも、この恐怖を受け入れ、恐怖と共に生きていきます。亡命生活に耐えられるようになりましたが、それはひとえに祖国のために活動しているからなのです。心は祖国にあるつもりです。どんな時でも私は望郷の念を忘れたことはありません。ここで惨めな生活を送りたくはありません。イランへ帰って、人間に対する最低限の敬意を受けて暮らせるようになりたいのです。

投石刑の掟（注6）

メッカへの巡礼者がアラファト山の頂上にある悪魔を象徴する三本の柱に石を投げつけるように、今でもイラン奥地の村人たちは姦通したと思われる女性をまるで「悪魔の雌犬」であるかのように、石を投げつけて死刑にしている。

亡命中のイランの作家・ジャーナリスト、フレイドゥン・サヘブジャン著の『石で打ち殺された女』は、夫と隣人の男性に姦通罪の濡れ衣を着せられた女性の衝撃的な物語である。姦通罪に対する罰は決められたしきたりに従って行われる。まず、二人の男が地面に筒状の穴を掘り、罪人の女性が頭だけが地上にでるように入れられる。(注7)その周りに直径五メートルの円を石灰で描き、参加者はその線を越えてはいけない。村人全員が集められるが、男しか石を投げる権利がない。早く死なないように、また、怪我だけで済まないように、石は大きすぎても小さすぎてもいけない。死ぬ前に罪人に恐ろしい苦痛を与えることが目的なのだ。最初に石を投げるのは父親である。その次は夫の番であり、それから息子、ムッラー、村の名士の順に投げる。この野蛮な行為が三〇分から四五分続いたあと、罪人が確実に死亡するように、一番大きな石で頭が打ち砕かれる。それまで遠巻きにしていた女たちが、肩までは無傷の遺体を運んでいく。罪人は大地を汚すとされ、埋葬することは許されない。遺体は村から二、三キロ離れた所に木の枝をかぶせて放置される。

イランで一九七九年から九〇年までの間に石で打ち殺された女性は一二〇〇人と言われる。それ以降ペースは落ちているものの、毎年数件の投石刑が執行されているらしい。

無に帰した既得権(注8)

西欧の女性たちと同様にイランの女性たちも、一〇〇年の間に基本的な権利を勝ち取ってきた。

一八七五年　就学権の取得
一九二五年　テヘラン大学に初の女子学生が入学
一九三六年　レザー・シャー・パフラビーがベールの着用を廃止

一九六三年　白色革命の国民投票により、女性が選挙権を取得
一九六八年　家族保護法により女性も男性と同じ公民権を享受できるようになる。一夫多妻制が廃止され、離婚に際して女性も子どもを引き取ることができるようになる。女性に職業の選択の自由が認められ、国会議員や大臣にもなれ、夫の許可なしで銀行口座を開設でき、旅行の自由が認められるなど。学校や大学、文化センター、スポーツクラブでの男女混在が公的に認可される。
一九七九年　イスラム体制がこれらの権利をすべて廃止。選挙権だけが残った。(注9)

死に至る虐待

一九九一年五月二六日、ゴルヴェーでコブラ・ムスルが投石刑で死亡。イスラム革命の兵士と関係していたことで告発されたのだ。

一九九一年六月五日、テヘランでイスラム服の義務化に反対するデモに参加していた女性数人がバシジに襲われ殺害される。

一九九一年八月二一日、ジラン地方のカジアン・サンガルでモハンマド・レザとコブラと呼ばれる女性が七〇回の鞭叩きの後、投石刑で死亡。処刑の理由は何も説明されていない。

一九九二年八月三日、テヘランで一八歳と一九歳の女性がワイヤーロープを持ったバシジに襲われる。二人は脳出血で死亡。

一九九二年八月一五日、一三歳の少女サラ・ヴァファイはバシジから逃れようとして死亡。追い詰められて高所から飛び降りたのだ。

一九九三年九月、テヘランから四五キロのカラジで三四歳のモニレーという五児の母親が姦通罪で

投石による死刑に処せられる。

一九九三年九月一日、ババレー・ヴェヂャニが公衆電話ボックスにいたところを至近距離から銃で射たれて死亡。治安部隊によるもので、ベールから髪の毛が出ていたことが理由だった。

一九九四年一月三一日、ミリア・カルーは夫殺しで起訴され、テヘランのエヴィン刑務所で投石刑により死亡。共犯のアブダル＝ホセイン・シアマクプールは絞首刑。

2　イランにおける女性の自殺が異常なまでに増加（A・ミロセイニ）

社会の統合力を知るバロメーターである自殺率が「イスラム」共和制成立以来イランで上昇し続けている。

現体制の失敗を明らかに物語るこうした傾向に気付き、それを隠蔽しようとしてムッラーの体制は国際機関に対してまったくデータを提供しない。しかし、部分的なデータは時々国内で発表されているので、現状に対しておおよその見当をつけることはできる。そのけたはずれの数値からは、極度に深刻な現状、特に女性の状況のひどさをはっきりと読み取ることができる。

過去一年間に、イラン北東部のホラサン地方だけでも四〇〇〇人以上の自殺者が出ている。そのうち七〇%が女性で、二八〇〇人以上に上る。（資料―ロンドンで発行されているペルシャ語週刊誌ケイハン一九九四年二月三日号。イランで発表されたデータとインタビューを引用している）。

前回の国勢調査が行われた一九八六年にはこの地方の人口は約五〇〇万人だった。イランの平均的人口増加率は三%から二・五%なので、ホラサン地方の現在の人口はおよそ六五〇万人（全国の一一%）と推定される。

六五〇万人のうち四〇〇〇人が自殺したわけだから、イランのこの主要な地方における自殺率は米国の自殺率の約五倍、ＥＵ諸国の平均の四・五倍、そして世界平均の五・三倍に上る。(注10)聖都マシュハド（ホラサン地方の中心都市でイラン第二の都市）のイマーム・レザー病院中毒治療センターの所長は過去一年間の自殺者数が四〇〇〇人あったことを示し、その四九％は一〇歳から三〇歳であることも指摘している。イラン経済の深刻な不振もさることながら、体制が個人から自由とあらゆる権利を取り上げ、絶望と不安感に陥ったイラン国民、とりわけ女性たちを自殺へと追い込んでいくのだ。したがって、ホラサン地方で焼身自殺した六〇人がすべて女性であったことは驚くには当たらない。

また、イラーム地方における自殺の増加を示すデータも明らかにされている。イラーム地方社会問題担当官によると、過去一年間の同地方における自殺者数は一三七人であった。今日、イラーム地方の人口は約四七万人なので、自殺率は三〇（一〇万人中三〇人）にもなる。これは世界平均のほぼ三倍である。時に、この一三七人のうちの一〇一人、すなわち全体の七四％が女性である。(注11)

以上のことから、ただひとつの実態が浮かび上がってくる。すなわち、募る貧困、社会的公正の不在、極端な早婚を強いられること、イランの女性たちを犠牲にする男女分離政策というものが、自殺者のほぼ四分の三を女性が占めるという破局的な事態を招いているのだ。

最高権力機関とその幹部にとっての究極の価値基準が「年ごろの娘は早く結婚させるに限る。男の幸せのひとつに挙げられるもの。それは父親の家ではなく夫の家で娘が初潮を迎えることだ(注12)」とするような社会体制においては、このような極限状況も驚くには値しない。

イラン政府当局が国民の、特に女性の基本的権利を尊重するようになるためには、人権擁護団体や国際機関の支援がどれほど必要かつ重要であるかが以上のことからわかる。人権を尊重して調和のある発展をしていけば、このように多くの人々が束縛から「逃れよう」とせずに済む社会状況を実現することができるはずだ。

証言(注13)

一九四〇年生まれのホマ・ダラビは二女の母で大学教授だった。米国で小児科学を修めてニューヨーク州、ニュージャージー州、カリフォルニア州で医師免許を取得した。米国の四九の州で医師として働ける資格を持っていたが、祖国のために働きたいと思い、帰国後は王制打倒革命の熱心な支持者となった。新内閣が再び一夫多妻制を導入し、また、自分が所属していた党のリーダーが二人目の妻をめとったのを機に、ホマ・ダラビ医師は抗議のために政治から身を引いた。

一九九〇年、「ベールのかぶり方が悪い」ことで訴えられて大学を追われたため、自分の診療所とそれまで働いていた病院の仕事に専念することになった。しかし、そこにも迫害の手が延びてきた。一八カ月前、またしても「ベールのかぶり方が悪い」として訴えられ、診療所を去らねばならなかった。そこで彼女は、イランで起きていること、特に女性に対する憎しみの行為を告発することに専心するようになる。

(中略)しかし、広い視野に立って考えると、女性は世界的に見て未利用の潜在的パワーである。女性は世界人口の五五%を占めながら、政権の決定機関に一〇%、上層部のポストにはたった四%しか就いていない。毎日、数多くの女性が世界中で暴行され、拷問され、打ちのめされているが、その大半は父親や兄弟や夫によるものである。

イランの女性たちは、女性の「名誉」とか「保護」の名の下に迫害されている。ベールは保護などではなく、屈従である。女の声で男たちが興奮しないように、話をする時には指を口の中に入れるようにとムッラーが命じることは、女性の「名誉」にかなっているだろうか。処女を処刑する前に強姦することはよく行われることだが、それが女性の「保護」と言えるだろうか。(中略)薄化粧をしているだけで鞭打ち刑になり、命を落とすこともある。(原則的には最高七四回だが、それ以上のこともしばしばある)。ホマ・ダラビ医師は、ある少女に鞭打ち刑を免れさせるために精神障害の診断書を作成するよう頼まれ、道徳的ジレンマに陥ったことがある。狂人の診断を下して少女の将来を危うくすることなどできるだろうか。ホマが自殺するひと月前、テヘランで化粧をしていた少女が殺された。彼女は、そのような政権誕生に加担したことを心底悔やんだ。

ホマは優しい妻であり、献身的な母であり、優秀な医師だった。一九九四年二月二一日午前一時三〇分、テヘランの大勢の群衆の前で、ホマは衣服の裾に火を付けて焼身自殺した。「独裁制打倒!」「イラン万歳!」と炎に包まれながら叫んでいた。そうして、彼女の英雄的行為は沈黙の壁に突破口を開いた。(後略)

3 イランの女性たちは「人間以下」の扱いを受けている(注14)

一九九四年一二月四日号のオブザーバー誌は、宗教体制下におけるイラン女性の状況に関する長い記事を掲載している。筆者のマーガレット・コウル夫人は「人権同盟」の英国議員団が最近発表した報告書を参照しているが、その中で、イランの女性たちに対する拷問、抑圧、精神的迫害が広がりを見せているという新事実が明らかにされている。

以下はその抜粋である。

「イランの女性たちは現体制により下層階級の人間として扱われ、頭から足先まで被っていない女性および姦通罪に対して、合法的に死刑が執行されていると議員団は報告している」。

「姦通罪に対する刑罰は独身男性に対しては鞭打ち刑だが、独身女性に対しては投石による死刑である。同罪で既婚の場合は男女とも投石刑に処せられるが、男性は腰まで埋められるのに対し、女性は首まで埋められる。執行中に逃げおおせた者に限って自由の身となる」。

英国議員団の報告書はいくつかの例を引いている。例えば、ナヒドゥ・カラミとザフラ・ファトゥヒは一九九〇年、イラン北部ランガルー村で、「退廃と不品行と姦通により風紀を乱した」として投石による公開死刑に処せられた。

昨年五月、イスファハンでベール着用規則の厳守を再強化するキャンペーン時に、パスダラン（イラン革命衛兵）たちが、二四歳のロヤ・アンサリの顔に硫酸をかけた。そのため彼女は失明したという。

イラン中部シラズ村の「革命衛兵」を代表して尋問を行っていたサルマストゥ＝アクラグ・タバンデル氏は、多くのイラン女性政治犯が強姦されていることを明らかにした。以下のとおりである。

「ある日、彼らは八歳の娘を連れた夫婦を逮捕した。尋問のため両親から離されたので少女は大声で泣いた。尋問官のひとり、ゾルガディ氏は少女をなだめて慰めるのだと言って留置所へ連れて行き強姦した」。

別のインタビューでも元尋問官は次のように明らかにしている。

「処女の囚人は刑の執行前に強姦されるのが通例だ。監守は、受刑者一同の名前と当直の役人の名前を列記し、くじ引きを行う。処刑前日、女性囚は鎮静剤を打たれ、くじに当たった者が強姦する。処刑の翌日、刑務所付きの宗教法判事が結婚証明書を作成し、それを刑死した女性の家族に一箱の飴と一緒に送る」。

オブザーバー誌の記事は次のことも報告している。

「イランで生まれて米国で教育を受けたニューヨーク・タイムス紙の特派員カティ・ガジ夫人は、スカーフから髪の毛が少しのぞいていたという理由で、プレスカードを取り上げられた」。

「ファブリアという名の五三歳の女性はもっと運が悪かった。買ってきた食料品を車に積んでいる時、革命衛兵に捕まえられたのだ。理由はこうだ。『スカーフが額から少しずれていたのですが、両手がふさがっていて直せなかったのです』。彼女は、一五歳から六二歳までの百人を超す女性たちと一緒に留置所へ連れて行かれた。皆と同様七時間の厳重観察の後に釈放され、裁判にかけられた」。

「妊娠五カ月の女性を含めた女性全員に八〇回の鞭打ち刑が言い渡された。衛兵たちは皆を地下に押し込めた。『衛兵のひとりが鞭をつかみました。私は手錠をかけられ、木製の寝台の上に腹ばいに寝かされました。それから、彼らは私を鞭で叩き始めました。彼らの行為は、私を肉体的によりも精神的に傷つけました。あらゆる尊厳を奪われたという無力感でいっぱいです』」。

イランにおける女性の自殺の多さは、イラン女性が堪え忍んでいる不幸を物語っているとオブザーバー誌は結んでいる。

（注1）Ligue des Femmes Iraniennes pour la Démocratie（民主主義のためのイラン女性連盟）会長

（注2）*Marie Claire*, 一九九四年四月号

（注3）Ligue des Femmes Iraniennes pour la Démocratie（ＬＦＩＤ）

（注4）カナダ政府に対する『ＳＯＳ性差別』の働きかけ

（注5）ザイナは一九世紀のイスラム修道女で、聖女とされている。有名なイザベル・エベラール〔フランスの作家でイスラム教に改宗し、北アフリカを放浪した〕を迎え、助言した。（Ｆ・ドーボンヌ）

（注6）*Marie Claire*, 一九九四年四月号より抜粋

（注7）女性に対し、男性は腰までしか埋められない。抜け出すことができた者は皆、投石刑から解放される。男性のみに逃げ出すチャンスが与えられていることがわかる！（ミシェル・デイラス）

（注8）*Marie Claire*, 一九九四年四月号より抜粋

（注9）これらの権利以外に、衣服の色の選択権など、万国共通の慣習がイランの女性たちには認められていない。（Ｆ・ドーボンヌ）

（注10）国連人口統計年鑑一九九一年版

（注11）イランの官報、*Jahan é Islam*, 一九九三年一〇月二二日付け

（注12）Ayatollah Khomeiny,《*Principes*, *politiques*, *philosophiques*, *sociaux*》, Ed. Libres - Haller, Paris, 1997.

（注13）一九九四年三月一五日パリにおけるパヴィ・ダラビの演説の抜粋

（注14）*Bulletin des Droits de l'Homme en Iran*

（訳　高橋雅子）

4　イラクの女性たちと経済封鎖（抜粋）

アリス・ブセレニ

イラクの女性たちの国家経済に占める比重は大きい。教師の六八％、医師の四〇％、裁判官と弁護士の一一％、化学者とエンジニアの二七％、ジャーナリストの二七％が女性である。また、国会議員二五〇人のうち一〇％以上の二七人が女性である。一九八〇年に制定された国会法による初の総選挙時に、すでに、一八名の女性議員が誕生しているという歴史を持つ。労働人口の三分の一は女性で、その大部分は農村で働いている。

戦争全般に言えることだが、もっとも犠牲になりやすいのはやはり市民、それも高齢者、病人、妊婦、子どもなどの弱者である。四年間で死亡したイラク人は一〇〇万人で、人口一八〇〇万人の二〇％以上に上る。どの時点から、そして、何人の死者から大量虐殺と言えるのだろうか。女性と子どもを標的にした経済封鎖は、次世代つまりイラクの将来を人質にしているのだ。

経済封鎖と戦争はイラクの社会構造を崩壊させる条件を生んだ。結果は女性たちの身にまともに跳ね返り、失業、日々を生き延びるために知恵を絞ってこなす山積した家事、子ども特に女児の教育からの離脱、教育の荒廃、大部分は助からない病人の看病、子どもたちの世話、広がる文化的・社会的退行現象、非行や犯罪の増大、特に女性の自殺の増加、イスラム原理主義の台頭、治安の悪化などに苦しめられている。

イラクの女性のほとんどは、その社会階層にかかわらず日々の家事に忙殺され、獲得した解放も犠牲にされている。一九九一年八月に「イラク女性連盟会長」のマナル・ユニスは、はっきりとこう言っている。

「私たちは生き延びることと日々の暮らしに追われるだけで、もう女性の権利に関心を払うことすらできません。以前は三時間でできたことも、今は七時間も費やさねばならないのです。弁護士も医師も農業従事者も、すべての女性がそうせざるを得ません。もはや出来上がったパンはなく、自分でこねなくてはなりません。食事を作ることが毎日の心配の種になっています。私の所得は大臣クラスですが、月のうち八日しか暮しが立ちません。ましてや月給七〇ディナール（この時点でフランスの最低賃金と同じ）の一介の女性公務員については言葉もありません。人々は買い手さえあれば家財道具を売っています。台所用品、貴金属、宝石、テレビ、自分の着ているものまでも。私たちは使用人もなく、贅沢もせず、絹をまとうこともなく質素に暮らしています。農業従事者がテレビや洗濯機を持っているのは、自分たちの働きで買ったのです。私たちは浪費家などではありません。一五年間、栄養失調など見たこともありませんでしたが、今や伝染病が広がり、多くの子どもたちが死んでいるのです」。

湾岸戦争以降、イラク国内を連続六回にわたって私は旅した。その時出会った女性たちから聞いた、長引く戦争による深刻な被害状況はつぎの通りである。

ファトゥメとムアイエドゥ（一九九一年）

ムアイエドゥと知合ったのは、彼が仏語圏の代表団のために通訳として働いていたからだ。旅行を重ねるうち、友情のみならず相互的な敬意も生まれた。彼は自宅にも招待してくれ、家族の人たちとのつながりもできた。妻のファトゥメは控えめながら包容力のある人で、三人の子どもたちは、温かい家庭と両親のほほ笑みを満喫しているように見えた。もてなしのしきたりとして、飢饉の時でも、主人は家計の状態に関わらずご馳走を出すのが務めである。また、招待に対するお返しも、家計の逼迫で家族にのしかかる不自由を思うと、毎回頭が痛くなる問題だ。ファトゥメは戦争と経済封鎖以降の生活条件について話してくれた。他の多くの女性同様、ファトゥメも全面的に家事に専念するために仕事を止めなければならなかった。彼女はイラク航空の社員だった。飛行機は空輸禁止措置で飛ばず、従業員の多くが失業に追い込まれた。彼女も若いにもかかわらず、早期退職に追いやられ、月額百六〇ディナールの年金を受けている。以来、家の中で子どもの世話に明け暮れ、必需品の買物以外は外出しない。政府の配給や入荷の加減によって、日用品の買い出しには何時間もかかる。油、石けん、米、お茶、砂糖、洗剤、鳥肉、牛肉、時には卵などの生活必需品は割り当ての配給チケットで入手するが、一家の必要量には全然足りない。出会った女性全員が、政府の配給や割り当てチケット制は国民の死活に関わる措置であると言う。足りない分は「自由」市場で調達しなければならないが、大抵は目の玉が飛び出るくらい高い。[注1] たとえば、卵一かごは一カ月の給料の三分の一の値段で、肉一キロも同額である。牛乳などいくつかの物資は流通から完全に姿を消してしまった。ただし、一歳未満の乳児には粉ミルクが毎月配給されるが、必要量の四分の一にしかならない。闇市で粉ミルク一缶買うと、二カ月分の給料が消える。

「にわとりを飼っているので卵はもう買いません。牛肉より高くなったのです。普通はサラダの香り付けに使う、イラク特産の苦いオレンジから洗剤を作ります。石けんは、水カップ二杯、液体洗剤カップ一杯、削った石けんカップ一杯で作ります。これらを熱しながら混ぜ、そのまま冷やすと、小ぶりの石けんが一〇個取れます。それを冷蔵庫で保存します」。

こうした手作り法は、他の諸々の方法と同様、ラジオやテレビで放送され、隣近所に広まっていく。また、電気、ガソリン、マッチの節約や、紙類、包装紙、ポリ袋、使い捨てライターのリサイクルなど、エネルギー節約についての助言・指示、具体的方法を国民に行き渡らせるように、「イラク女性連盟」はテーマ別カードを作成してばらまいている。

日用品の買い出しにファトゥメは毎日二時間以上の時間を取られている。流通の混乱と業者の売り惜しみや相場に左右されて、物価は上がり続けている。蛋白質、肉類、砂糖の不足で代謝異常がとりわけ子どもたちの間で起こり、黄疸、発育不全、各種伝染病、コレラ、腸チフスなど、ほとんど見られなくなっていた疾病が再び流行り出している。その上、落とされる爆弾に劣化ウランが使われるようになってからは白血病までもが増えている。

ナジェフの病院（一九九二年）
ナジェフの病院は破壊されなかったが、軍の攻撃がもとで内乱になった時に荒らされた。保育器、衛生設備、酸素供給器具、保育器の蛍光管、酸素バルブなどが掠奪された。これらは外国から輸入されたものなので、今後、代わりのものを見つけることはできない。医療設備の破壊は、現在進行中の治療と先々の医療に対する甚大な影響を引き起こしている。医薬品や輸血用血液が不足し、医療チームはあるものでなんとかしなければならず、治療不能の状態になることもしばしばである。子どもたちに脱水症が増え、また、麻酔薬の不足や欠乏で、麻酔無しの手術を余儀なくされ、ぎりぎりまで待ってから決断されるので手遅れになることもある。帝王切開の多くは麻酔無しで行われている。
イラクで訪問した他の病院と同じように、母親たちが昼も夜も病気のわが子に付き添っている。子どものかたわらで眠り、授乳し、食事を与え、あやしたりなだめたり、苦しみを和らげ、多くの場合、最期を看取る。母親たちはおそらく世界最良の看護婦だろう。彼女たちのように、病を人間的に和らげるという基本の精神を医療施設全般に行き渡らせるべきであろう。特に、終末医療には。

下町（一九九三年）

ガイドのサッラーと訪れたアルガイラニ地区では、迷路のような小道が、純白の石の外壁に映えるトルコブルーの木彫の飾りで有名なモスクに続いていた。そこで、奇妙な光景に遭遇した。それは夕方の五時、スープの配給の時だった。ひとかたまりの群衆が苛立ちながらモスクの中央扉の両側でひしめいていた。右側にいる男たちは、群がる子どもたちを蝿のように追い払っている。左側にかたまっている女たちは押し合いへし合いしながら、なんとか人より前に出ようとしている。各自、プラスチックの箱や皿や飯ごう、あるいはビニール袋などありあわせの容器を手に、じりじりとその時を待ってひしめいている。扉を開ける時には、この飢えて苛立った群衆を制止するために筋骨たくましいモスクの猛者（もさ）の力がいる。男たちから配給が始められる。次に子どもたちがもらい、最後にやっと、しびれを切らせた女たちの番が回ってくる。どろっとしたスープとパンを一人前ずつもらうと、皆あちこちに散らばってすぐに食べ始める。一九九四年四月に物資の備蓄が尽きるまで、湾岸戦争以降、毎晩このような光景が見られた。列の中にいた若い女性は、この地域の非衛生的な小部屋の家賃に、当時の二カ月分の給料にあたる五〇〇ディナールも毎月支払わねばならないと話していた。

城壁に囲まれた家並みの間を縫う、いくつもの路地を奥の方へとたどった。よそ者がひとりで入り込むことがはばかられるような迷路には、頭上に張り出すバルコニーと木の格子に飾られた詩情あふれる家々が立ち並び、中には子どもたちや大家族が肩を寄せ合って暮らしている。私のカメラに気を引かれたひとりの少女が通路伝いに家まで案内してくれた。入り口の大きな部屋にひとりの女性が床の上に横たわり、呆然と見守る子どもたちの中で瀕死の苦しみにあえいでいた。私はひどく気詰まりな思いがした。死んでいく母親を血走った目で凝視している子どもたちを前にして、私はどうして良いか分からず、何か悪いことをしてしまったように感じた。ガイドのサッラーが遠慮がちに尋ねたところによると、この女性は四人の子持ちで、感染はすでに腹部に達していた。薬がないので治療もできず、また、買うお金もなかった。強ばった表情の子どもたちに囲まれ、母親は熱にあえぎ、病苦にさいなまれていた。この女性の最期を迎える内輪だけの時間を冒瀆してしまった思いに、私は吐き気とめまいに襲われた。他の多くの人々と同じように、彼女もまた、無言で死んでいくのだ。

サダム・シティーあるいは**「絶望の街」**（一九九四年）

（前略）私たちは中央通り脇に建てられた巨大なテントに気を引かれた。アラビア語新聞の記者ナジエーがいてくれたおかげで、ニュージーランドの記者ポールともども、テントの持ち主に招き入れられ、説明してもらうことができた。それは通夜のために建てられたテントだった。宗教的伝統にしたがって三日間建てられるもので、状況がどうであれ、たとえ戦時でもそのしきたりは守られる。男と少年だけがお清めの食事の前に喪主の連禱〔祭司が先唱、信者が答える祈りの形式〕を聞く。黒ずくめの女たちは隣接する家の一つの部屋に集まり、女の子や赤ん坊と一緒に三日間同じ姿勢のまま床に座り続ける。伝統により、厳しく男女の分離が決められている。

その日は「火傷の手当てが悪くて」亡くなった二二歳のウダ・ハミドゥという若い女性の通夜だった。病院と治療設備の老朽化問題や、封鎖による経済の逼迫で医薬品を見つけることも買うこともできない状態を知れば、意外なことではない。「子どもたちは病院へ入る時は生きているのに、出てくる時には死んでいる」のだから。また、病室はほとんど空で、夏には蝿が飛び回り、掃除用の洗剤もなく、エアコンは壊れたままである事実を知っても驚くことはない。国連の制裁委員会の輸出禁止措置を受けた製品と物資が不足しているからだ。

ナジェーのおかげで、立ち入った話を聞くことができた。彼女が死んだのは、実は火傷のせいではなく、焼身自殺だったのだ。切り詰めた貧しい生活に疲れたその女性は、夫を甲斐性がないといって責めた。激しい言い争いの挙げ句に彼女は石油をかぶり、火をつけて死んだのだ。六カ月の赤ん坊を残して……

虚無と絶望に捕らえられた人間が限界を踏み越える状況を表現し、その凄まじさを伝えるには、どんな言葉も無力である。この女性は、イラクが輸出できなくなった石油をかぶって焼身自殺したのだ。文明と飽食の国に暮らす私たちには、このような絶望の状況は聴くに耐えなく、容認することはできない。（後略）

（注1）食料品および生活必需品の価格は、引き続く経済封鎖と急激なインフレのために一九九五年に急上昇した。（M・デイラス）

（訳　高橋雅子）

第Ⅶ章　女性たちの希望

1 アラブ女性たちの「平和の船」

ナスラ・アル＝サアドゥンの著書よりの抜粋

一九九〇年九月、イェーメンの首都サナアでの女性会議の際に、イラク国民のために食糧と医薬品を運ぶ「女性と子どもの船」という団体の提唱によって、国連で決議されたイラクへの輸出禁止を破る決定がなされた。

一九九〇年一二月五日一八時、イブン・ハルドゥン号はアルジェの港から出航した。

1 一九九〇年一二月二六日のアメリカ、オーストラリア、イギリスの軍隊による「平和の船」の襲撃についての証言

フェイ・ウイリアムズ（米国）の証言

アデンを出港すると、大艦隊が私たちを追跡してきた。クリスマスの翌日で、私たちはまだ眠っていたが、船は包囲されて、航路をたどれなくなった。低空飛行のヘリコプターが船に軍隊を降下させた。兵士たちは発砲した。私たちは着替え、デッキに駆け登り、平和のために祈り、歌った。数人の女性が「平和」という言葉を記した横断幕を掲げていた。

軍隊は、アメリカ黒人であると思わせるために、顔に墨を塗りたくっていた。それを見て、私はいらだった。大抵は白人兵で、軍服の上にアメリカ国旗をまとっている者もいた。記章と認識票がなければ、誰であるか見分けがつかなかった。

兵士たちは、女たちを殴ったり、突き飛ばしたりして、攻撃をしかけた。私たちをののしりながら、素手のみならず銃床でも殴った。ショックガンを振り回し、催涙弾を投げた。ジャーナリストを攻撃して、カメラや録音・録画装置を壊し、残ったものは取り上げた。この攻撃のさなかに五〇人の女たちが負傷した。

軍隊は私たちを、とても狭いタラップを通らせて、船の中に閉じ込めた。兵士たちが換気装置をめちゃめちゃにしたので、船は蒸し風呂になった。二時間の間、まったくの混沌状態で、指揮官が到着するまで、有りもしない武器を捜すために、船内が捜査された。

兵士たちは船長を殴り、後ろ手に縛り上げた。私が両手を頭の上に乗せて一人の兵士に近づくと、彼は私に武器を向けた。私はアメリカ国民であると告げ、彼と話をしようとした。彼は銃を船長のこめかみに当て、私を罵倒することで応えた。もう一言口にしたら、船長を撃ち殺しそうだった。兵士は、私に向こうへ行くよう、またすべての女にも黙って向こうへ行くよう大声で命じた。この怒りを目の当たりにして、私は、残虐行為にもめげずに歌い祈っていた女たちに、静かにするよう頼んだ。

それから、私は司令官に近づき、換気装置を再び動かす許可を求めた。彼は承諾し、兵士たちに謝罪をさせ、負傷者を士官の部屋に連れて来るようにと言った。それにもかかわらず、船長を銃でねらっていた兵士は、侮辱的な行為を続け、船長を殺すと脅したので、力ずくで引き離さなければならなかった…

ナスラ・アル＝サアドゥン（イラク）の証言

兵士たちは別のデッキに降りていた。マナル(注1)は階段にしがみついて、兵士たちを妨害しようとしていた。上にも、下にも、いたるところに兵士がいて、彼女は真ん中に一人でいた。どんなことをしても、彼女のところに行かなければならない。別の兵士たちが第五デッキからやって来るので、私たちは挟み撃ちになって身動きが取れない。

兵士の一人がマナルの顔を銃床で殴り、別の兵士が顎に一撃を加える。それでもへこたれないと、今度は目を殴る。彼女はショックで目を回す。さらに肩に一撃、足に一撃。階段の下の方で、私たちは彼女を救い出そうと兵士たちともみ合っていた。銃床が容赦なく襲いかかる。

兵士はマナルの髪をつかみ、引き抜き、放りなげる。三人の大男が割って入り、一人はマナルに、別の二人は私たちにかかってくる。銃床の一撃をうなじに受けて、マナルはよろける。兵士は彼女を捕らえ、持ち上げ、ほうり出す。彼女は階段を転げ落ちると、また足蹴りを食らい、私たちの間に落ちてきて、意識を失う。

スーダン女性のイクバルは最後尾の兵士のベルトをつかみ、シリア女性のカウタールは彼の手をつかむ。彼は一瞬たじろぎ、ベルトをはずし、走って仲間に追いつく。

階段にはもう誰もいない。

私は階段を登って、中ほどに座る。両足を手摺の柵の間に押し込み、反対側の手摺に背中を押し当て、足を固定している柵を手でつかむ。エジプト女性のジャミラは、他の女たちと共に私のところに来て、同じ姿勢を取る。自分たちの身を守りながら、兵士の前進を阻まなければならない。

この肉体の壁は一人の大男の手で壊された。彼はジャミラをつかんで、ほうり出し、私に近づき、銃床の背で殴る。私は滅ぼしの天使を見たと思った。

もっとも激しいのは侮辱と苦痛の入り交じった最初の一撃だった。私は、頭に受けた次の一撃に、うめき声を上げずに、頭を上げて「ウイ　ウォント　ピース！」と叫ぶ。

一人の兵士が第七デッキからころがるように駆け降りて来た。別の兵士が第六デッキからやって来た。共に武装していた。私が持っていた武器は、祖国への愛と私たちの主張に対する信頼だけだった。私は髪の毛が両手でつかまれ、体が持ち上げられるのを感じた。私は「ウイ　ウォント　ピース!」と叫んだ。苦痛の叫びをこらえていた。私の髪の毛は兵士の手の中にあったが、次の瞬間、風に舞った。真っ白だった。私の体は階段の鉄柵の上に落ちた。

下にいた兵士が私をまたいで上に行こうとしていたが、女たちが体を寄せ合っていたので、足場が見つからなかった。私はもう一度「ウイ　ウォント　ピース!」と叫んだ。彼は許しがたい卑猥な言葉を投げつけ、私の頭より大きく私の体より重い軍靴で蹴った。それを見て、上にいた兵士も私の頭を殴った。私は頭を下げたが、それは祈るためであった。私は再び「ウイ　ウォント　ピース!」と叫んだ。

別の一撃を頭に、さらに電気ショックを手首に感じた。ショックガンのせいで、手摺を放さざるをえなかった。娘のドアアの顔が浮かんで、くじけないようにと私に命じた。脚を銃床でたたかれ、軍靴で頭を踏みにじられ、もうなにも見えなくなった。気力のすべては階段にしがみついている自分の手に集中している。虐待されても、私は負けない。私は子どものドアアとディラールと夫のムスタファを思い浮かべ、皆の両目にキスをし、最後の祈りをつぶやく。両手と鉄柵の境界がはっきりしなくなる。

「もうやめるのよ、ナスラ、やつらに殺されるよ」とナイダが近くで耳打ちするが、彼女は一撃を受けて、倒れる。新たな電気ショックが踝に…。鉄柵から足が抜けない。「ウイ　ウォント　ピース!」、「ウイ　ウォント　ピース!」…。平和のメッセージがこだまする。

頭を殴り、背中や脚や手を殴打し、彼らは憎しみをぶちまけてアラブの女たちを殴る。浴びせかけた卑猥な言葉が、恐らく、彼らに欠けている勇気の代わりになっているのだろう。私が意識を失うまで軍靴で蹴り、銃やショックガンで殴打する。「神が祖国と家族と私たちの船を守ってくれます。私は平和への階段の殉教者です」。

一つの卑猥な言葉はいくつもの殴打よりつらい、それは精神と尊厳を傷つける。彼らの言葉の意味が分からなければこれほど傷つかずにすんだのに！

カウタールの声が再び聞こえた。「ナスラ、やめるのよ！」。ベールを奪われて、彼女のブロンドの髪が風に舞っていた。彼女はもう一度殴られて、姿を消した。私は、頭に最後の一撃を受けて、死ぬのだと思いながら、意識を失った…。

オウム・イマン（占領下パレスチナ）の証言

水曜日の朝四時、私は警報で目を覚ました。第六デッキに駆けつけると、仲間たちがすでに大勢集結し、横断幕を掲げ、勝利の合図をしていた。人が多くて、そこへ降りていくことはできなかった。

三機目の飛行機が私たちの船に向かって来るのが見えた。飛行機が船首に降りるのではないかと心配になって、第四デッキへと走った。私がそこに着いたのは、一機目のヘリコプターから最後の兵士が降りたときだった。兵士と武器の数、そして武器の性能は途方もないものだった。私は顔を黒く塗った二人の兵士と向き合っていた。兵士の一人は機関銃と催涙弾を、もう一人は機関銃を持っていた。

二人のうちの一人がアラビア語で叫んだ。「船内に戻れ！」。私は拒み、声を荒げて言った。「これは平和の船です。女と子どもしかいませんから、そのような武器はまったく要りません。私たちは平和を望んでいるのです」。彼は命令を繰り返した。私は服の下に何も隠していないことを見せ、武器を持っていないこと、恐れる必要のないことを示した。

その時、誰かが私の前に飛び降り、もう一人が私に近づいた。彼の機関銃は私の頭上にあった。私はこの命令に従わなかった。一人の兵士が私の両手を後ろ手につかみ、別の兵士が機関銃の銃床で体中を殴った。

数人の仲間が私を助けようと駆けつけたが、兵士たちは皆を殴りつけ、船内に押し込んだ。あとのことはそれぞれの女性に聞いてください。

2 赤十字宛の電報

一九九〇年一二月二六日の早朝五時二〇分、「平和の船」イブン・ハルドゥン号にアメリカ、イギリスならびにオーストラリアの軍隊が降下した。一八二人の女性と一四人の子どもが、「食糧と医薬品は人権である」をテーマに、食糧と医薬品を運ぶためにイラクに向かっていた。

数百人の兵士が船に侵入し、銃床で殴ったり、足で蹴って、女性と子どもに暴力を振るい、催涙弾を投げ、発砲した。被害状況は次のとおりである。
1 アラブおよび外国の女性三一人が打撲傷を負った。
2 二人の女性が、蹴られて出血し、流産した。
3 二人の子どもが打撲傷を負い、別の子どもたちは、発砲や催涙弾、そして目の前で母親たちが受けた暴力のせいでショック状態になった。
4 三人のジャーナリストと共に操縦室に閉じ込められていた一八人の船員が、激しく殴られ、打撲傷など重傷を負った。
5 換気装置の停止と五時間にわたる開口部閉鎖で四人が喘息発作を起こし、八人が失神した。
6 船には備えられていない専門の医療機器を必要とする急患が二名出たので、一番近い病院に運んでくれるようアメリカ軍に頼んだが、拒絶された。
重体の患者の治療に力を貸してくださるようお願いする。

カウラ・ナジ、ナディア・マムド、
イラム・ジャバール、ワフィカ・アル＝ナイミ各医師

3　プレスリリース

一九九〇年一二月二六日に「平和の船」に対してなされた米軍およびNATOの軍艦による野蛮な攻撃の暴力に私たちは抗議する。「平和の船」は平和のメッセージとイラクの子どもたちへのアラブ女性の象徴的な贈物を届けていたにすぎない。イギリスとオーストラリアの軍艦が退却したのちも続いた、船に対する不当な包囲に抗議する。

船が運んでいるのは商品ではなく、象徴的な贈物だけなのだから、国連安保理の決議六六一には抵触しない。「船」の委員会は国連と安保理の担当者に連絡を取ったが、主導権を握っているアメリカが客観的かつ中立的な話し合いを許さなかった。軍隊は、数カ国を代表する平和の使者の任務を妨害しようとした。

軍隊によって仕組まれた不公正な状況を目の当たりにして、オマーン国マスカットに駐在のアラブ諸国の大使たちが、平和の使者が任務を果たせるように、またイラクに到着できるようにと、オマーンの関係当局、包囲している軍隊の指揮官、ならびに国連の代表と交渉してくれた。

平和の使者たちは、飢餓と栄養失調に苦しむ世界の子どもたちのことを考えている。だから、この平和の旅の動機である人道上の理由とアラブ主義への信頼から、「平和の船」委員会は、イラクの子

どもたちから同胞であるスーダンの子どもたちへのプレゼントとして、カブス港〔マスカット近郊〕での贈物の陸揚に承諾することにしたのだ。

平和の使者のスーダン代表は、イラクの窮状を考慮してこの基本方針に反対していたが、イラクの子どもたちに贈物が届けられる状況になるまで保管しておくためにマスカットで陸揚げし、スーダンに運ぶことに承諾した。アラブ諸国の大使たちが責任を持つことを約束した。

アメリカ軍当局は、女性と子どもの船の存在が引き起こした厄介事に終止符を打つために、この提案に承諾し、これ以上船を攻撃しないことと、一九九〇年一二月二六日の攻撃の間に軍隊が作成した詳細なリストに載っている贈物を陸揚げしたら、それ以降は船を捜索しないことを約束した。

陸揚げは、二週間以上の攻囲の後、一九九一年一月一〇日に行われた。私たちはウムカスル港〔イラク〕まで平和の旅が続けられることを願い、また、大使たちが贈物をスーダンの子どもたちのところに運んでくれることを期待している。

「平和の船」委員長　ナジュラ・ヤッシン

(注1) マナル・ユニス、イラク女性連盟会長

(訳　杉藤雅子)

日本語版のための結び

ミシェル・ディラス

世界中でもっとも重大な人権侵害は女性と少女に対する暴力である。家父長制文化に深く根を下ろすこの暴力は、日常化しているので、ほとんど表面に現れてこない。そのため、女性に対する暴力が明るみに出るには、近年のフェミニストたちの闘いが欠かせなかった。そして今や、欧州議会は一九九九年を、国連は二〇〇〇年をそれぞれ女性に対する暴力に取り組む年にすると宣言するまでになった。

女性に対する暴力を考えることは、男女間の不平等と不均衡を特徴とする家父長制社会での両者の関係を問いなおすことでもある。男性が女性を支配し管理するのに有利な手段である暴力は、両性の闘いの象徴である。

暴力は、女性の解放と男性が総じて拒む男女の完全な平等の実現をはばむ大きな障害になっている。女性に対する暴力が増大しているのも、男性が定めた女性の地位を固定させるうえで暴力が最後の手段になるからである。しかし、女性はそうした地位を放棄したいと思ってきた。

暴力、つまり男性の攻撃性の原因を究明する説は多い。

◆Y染色体が犯罪に関する遺伝情報担体であるという説は科学的に誤りであると判明したが、女性と男性の染色体異常に関するある研究では、Y染色体は個体に対し、かなり強い攻撃的性質を決定する可能性を秘めているとみなされていることを紹介しておかねばならない。

◆男性ホルモン（テストステロン）は男性の攻撃性を触発する働きがあるとする説があり、フランスではテストステロンの分泌を抑制する治療法が、性犯罪者とくにレイプ犯に用いられている。
◆「男らしさ」の概念を標榜する多数の男性団体は、社会文化的背景が人間の行動を大きく決定する要素になると主張する。としたら少年の教育と心理的条件付けを変えることで根本的な変化が期待できるであろう。
暴力は家父長制社会で、経済、政治、宗教、社会文化の分野を問わず、多様化し、世界中に拡散している。そのため、それが暴力であると正確に把握することもそれと闘うことも、困難をきわめる。世界中で一番広がっている暴力の形態は、依然として暴行傷害である。このことは家庭が女性にとって一番危険な場であるということでもある。また心理的暴力、とりわけ性暴力が広がっている。二〇世紀も終わりに近づいた今日、新たな形態による性差別暴力が浮上してきた。それは「新しい形の男性支配」（F・ド・サングリー）である。

たしかに「今日の家父長制は、両性の法的平等と教育・職場での混在を認め、暴力を犯罪とみなす社会にあって、男性による女性支配の、強化とは言わないにしても、維持という離れ業に成功している」（N・プラトー）。
◆アフガニスタンなどのイスラム原理主義者は、女性の従属と差別や男女の分離策を巧妙に仕立てあげるために、男性崇拝の一神教の性差別的言説をとり入れている。
◆「新世界秩序」は収益性、つまり搾取と市場の原理を基盤にした特殊な文化を創造する。その構想は、男性的な社会観を推奨し、そうした社会観に立つ規範、思想および国際的な経済人や政治家を求める。
◆インターネットとセックスツアーは世界中にポルノグラフィーと売買春を広げた元凶であり、

女性の価値を低下させる画像を流し、男性の優位性と女性の従属性を是認する序列化された性関係を定着させる。性産業を介する女性への有形、無形の暴力を強化することで、資本主義的家父長制が再構築されつつある。

◆国家間、民族間、宗教間の戦争は女性に対する戦争と化している。レイプや性的奴隷化といった暴力は昔からあり、女性はその犠牲になってきたが、今や旧ユーゴスラビアやルワンダの紛争では、レイプや性的奴隷化が戦略として周到に計画されている。

最後に、最新の科学的新発見を語らないわけにはいかない。というのも、このような発見から予測される女性の未来に不安を抱かざるをえないからである。

◆男性の性的不能を回復する錠剤バイアグラが世界市場に登場した。性暴力の犠牲者はさらにどのくらい増えるのだろうか。

◆ヨーロッパではクローン操作は法的に動物に限定すると規制されているが、アメリカではクローン人間の研究は何ら公式には禁止されていない。アラブ首長国連邦はすでに男の子のクローンを創造するアメリカのプログラムを買いとったとか……。

一九四九年の「ジュネーブ条約」と一九七七年の「追加議定書」により、戦時の女性に対する残虐行為の告訴ができるようになった。一九七九年の「女子差別撤廃条約」は特に暴力についてうたったものではないが、有力な道具となった。一九九三年には「女性に対する暴力撤廃宣言」がなされ、国際刑事裁判所〔旧ユーゴとルワンダ〕が創設された。また、武力紛争時のレイプが人類に対する犯罪と認知されたので、犠牲者ははじめて訴訟を起こすことができるようになった。

一九九五年の「北京会議宣言」〔第四回世界女性会議〕と、一九九八年に常設の国際刑事裁判所設置が〔国連外交会議で〕採択されたことで、女性の権利擁護のために闘う女性たちに、あらたな闘いの手段がもたらされ、自分たちの声が聞き届けられるという希望が生まれた。

（一九九八年八月三一日）

（訳　菅原恵美子）

訳者あとがき

本書はFEMMES ET VIOLENCES dans le monde, sous la direction de Michèle DAYRAS, Editions L'Harmattan, 1995の抄訳である。これは、性差別反対運動の拠点として一九八八年にフランスで結成された団体「SOS性差別」が、世界各国の女性団体と協力して集めた、女性に対する暴力についての証言と調査報告で、一九九五年北京で開かれた第四回世界女性会議へ向けて作成されたものである。原著には三三のレポートと詩などが収められているが、私たちはそのうち二四のレポートを選び、訳出した。三編の詩と、職業・肩書の女性名詞化に関する項および、内容が他と重複する項などを割愛した。そのかわり、『最後の植民地』の著者である作家ブノワット・グルーさんから「日本語版のための序文」を寄せていただくとともに、編者のミシェル・デイラスさんによる「日本語版のための結び」で、その後の新しい動きを紹介することができた。また、原著では手短にしか述べられていない「女性性器切除」の項を新たに書き起こしてもらった。

「SOS性差別」によると、女性に対する暴力は、女性の「尊厳」を蹂躙（じゅうりん）する行為で「基本的人権の侵害」にあたる。そして、その暴力が男女平等への道を阻んでいるのだと訴えている。これは、一九九三年六月にウイーンで開催された世界人権会議で女性NGOが掲げた「女性の権利は人権である」というスローガンと、同年一二月の国連総会で採択された「女性に対する暴力の撤廃に関する宣言」を受け継ぐ考え方である。この宣言で、女性に対する暴力は、ドメスティック・バイオレンス、強姦、売買春、女性性器切除、セクシュアル・ハラスメントなどの地域社会における暴力や、監獄内の女性や武力紛争下の女性に対する国家による暴力など、さまざまな形としてとらえられている。

「強姦、殺人、女性に対する性的虐待と迫害は、貧しく、戦乱の絶えない国では日常茶飯事だが、私たちの社会では新聞の三面記事の中のことでしかないと思われがちだ。同様に、子どもに対する強姦と虐待も、劣悪な状況下でのみ起こるものと最近まで信じられてきた。しかし、経済的に豊かになっても暴力はなくならないことを、今や、私たちは知っている」と「SOS性差別」は指摘している。女性に対する暴力は、国籍、人種、文化、宗教、イデオロギー、年齢、社会的身分などを横断して、すべての女性に関わる問題であることが本書のいたるところで語られている。

この本の翻訳については、女性問題を中心に日仏の相互理解を進める目的で一九八三年に結成した民間団体「日仏女性資料センター（日仏女性研究学会）」がその活動の一つとして、翻訳グループを作り、訳出にあたった。各項の末尾に担当の訳者を記したが、全体としては、相互にチェックを繰り返し、議論を重ねた共同訳である。辛抱強く見守ってくださった編集部の石田百合さんのおかげで、ようやく出版にこぎつけることができた。

また、出版、翻訳にあたってお世話になった方々にはこの場をお借りして心よりお礼を申し上げたい。内容が多くの国々のさまざまな状況におよんでいるため、知識の不足から翻訳が難航することもしばしばであった。そのような時に、貴重な時間をさいて私たちの質問に答えてくださった団体、個人のみなさまに心からの感謝を捧げたい。

なお、本文中の〔　〕は訳者による補注であることをお断わりしておきたい。

二〇〇〇年五月

日仏女性資料センター翻訳グループ

【執筆者略歴】

ナスラ・アル＝サアドゥン（イラク人）

経済学士、作家。イラク出版協会創立メンバー。イラク作家連盟メンバー。著作《Bateau des femmes arabes pour la Paix》, Ed.l'Harmattan, 1996.

シュザンヌ・ヴェベール（フランス人）

元数学教師。「SOS性差別」協会で性差別反対運動に携わると同時に、「グレー・パンサー」フランス支部で高齢者差別反対の活動をしている。数学授業に関する著書の他、ジェロントロジー誌に寄稿。

フィアメッタ・ヴェネール（フランス人）

社会学者、記者。プロショワ紙編集主幹。著作《L'opposition à l'avortement,du lobby au commando》, Berg Editeur, 1995.《L'extrême droite et les femmes》, Edition Golias, avec C.Lesselier. 他。

ブノワット・グルー（フランス人）

元ラテン語・フランス語教師。ラジオ放送記者を経てエル誌、マリ・クレール誌のルポルタージュを手掛け、女性の権利のために活動する。フェミニズム誌F・マガジンの共同創刊者。女性の権利省が創設した「職業の女性名詞化委員会」委員長（1984年－86年）。著作《Ainsi soit‐elle》, Ed.Grasset, 1975.（邦訳『最後の植民地』有吉佐和子監訳、新潮社）《Histoire d'une évasion》, Ed.Grasset, 1998.他。

アリナ・サンチェス（チリ出身）

資料保管員。「亡命チリ女性グループ」（COFECH）代表。

レイラ・セバール（アルジェリア出身）

作家。マガジン・リテレール誌およびラジオ局フランス・キュルチュールの文学批評担当。ソルシエール誌に執筆。機関紙イストワール・デルの共同創刊者。著作《On tue les petites filles》, Edition Stock, Paris, 1978.他。

アイハ・ザンプ（スイス人）

心理療法士。

ミシェル・デイラス（フランス人）

内科医。放射線科医長。「SOS性差別」代表。フェミニズム活動家。女性に対する暴力に取り組み、殴られ妻のための受け入れセンター第一号を創立。初の

女子空手チームを創立。イラン女性と連帯する国際キャンペーン、イラク女性と連帯する国際キャンペーンを組織。著書《Liberté, Egalité et les Femmes》.

ネリー・トゥリュメル（フランス人）

静物画家。アナキスト・フェミニスト。ラジオ番組「自由な女性」の創作・司会。「女性の権利のための全国グループ」と「移民・亡命女性の司法的独立のためのネットワーク」のメンバー。

リディ・ドー＝ブンヤ（カメルーン出身）

作家。フェミニスト。「黒人女性の権利擁護運動」（MODEFEN）の創設会長。著書に《La brise du jour》－roman, Ed.Clé, Yaoundé, Cameroun, 1977.《Les mutilations du sexe des femmes en France aujourd'hui》,－Coll. Recherches, FEN, 1987.など。共著に《Encyclopédie Jeune Afrique de la Famille》－Ed.J.A.,Paris, 1978.

フランソワーズ・ドーボンヌ（フランス人）

作家。フェミニズム活動家。法律学を修める。「SOS性差別」事務局長。「エコロジー・フェミニズム」創設者。「同性愛革命活動戦線」共同創設者。数十冊に及ぶ著作のうち《Le complexe de Diane》,《Les femmes avant le patriarcat》など15冊が外国語に翻訳。

シルヴィー・ノロ（フランス人）

教育省の会計報告官。「亡命チリ女性グループ」（COFECH）メンバー。

フランシーヌ・バヴェイ（フランス人）

電気通信技師。組合活動、環境保護運動に従事。1970年からはフェミニズム運動も。イル・ド・フランス地域圏議会副議長で、連帯・社会活動・厚生担当。

アリス・ブセレニ（シリア系フランス人）

臨床心理学、精神分析学を修める。ソーシャルワーカー。フェミニスト、反軍国主義活動家。著書に《Irak, le complot du Silence》, Ed.L'Harmattan, 1997.

シュザンヌ・ブレーズ（フランス人）

作家。思想としてのフェミニズム信奉者。著書に《Qui a peur des Partis Féministes》－Bibliothèque Marguerite Durand, Paris, 1975.《Le Rapt des Origines ou le Meurtre de la Mère》－autoédité, 1988.《Histoire

du Parti Féministe Unifié》-Autoédité, 1994. など。

マリ＝エレーヌ・フランジュー（フランス人）

中央アフリカ・バンギ市病院センター小児科医長、母子保護センター医療課長を経て、現在「性器切除廃止のための女性グループ」代表。

ダニエル・ベルタン＝ブナカン（エジプト出身）

英文翻訳家。最近、英語学校を創設。著書に、《Freud et le rire》, sous la direction de A.Nysenhole, Ed.A.Métaillé, 1994.

アンドレ・ミシェル（フランス人）

社会学者。国立科学研究センター名誉研究主任。フェミニズム・反軍国主義・反核の活動家。「平和のための女性市民」代表。著書に《Sociologie de la Famille et du Mariage》, Paris, Presses Universitaires de France,（邦訳『家族と婚姻の社会学』法律文化社)。《Le Féminisme》, Presses Universitaires de France (Que sais-je?), 1979（邦訳『フェミニズムの世界史』白水社クセジュ文庫）など。

ミランカ・ミルコヴィッチ＝クルスティッチ（セルビア出身）

フランス語教師。「SOS性差別」副会長。

アクラモサダト・ミロセイニ（イラン出身）

法律専攻。仏へ政治亡命。「民主主義のためのイラン女性同盟」代表。女性差別に関する英・仏・ペルシャ語のエッセー多数。《After the Revolution : Violations of Women's Human Rights in Iran》, article in WOLPER Andrea & PETERS Julie Eds, International feminist perspectives Human Rights,Editions Houtledge,New York & London, 1994. など。

タチアナ・ラロワイエンヌ＝メルカド（チリ出身、故人）

元教師。「多国籍パスポート協会」の共同創設者で前事務局長。「亡命チリ女性グループ」（COFECH）メンバー。文盲対策専門家。

モニク・ルストー（フランス人）

元教師。「子どもの買春撲滅協会」（ACPE）会長。「アムネスティー・インターナショナル」の「児童問題委員会」創立メンバー。フランスの「人権賞」受賞。売春防止映画を仏で制作中。

【訳者紹介】
伊吹弘子（いぶき ひろこ）
京都大学仏語仏文学修士課程修了後、上智大学仏文学博士課程修了。上智大学仏語講師。
杉藤雅子（すぎとう まさこ）
早稲田大学西洋哲学修士課程修了。共訳書『女たちのフランス思想』（勁草書房）など。
菅原恵美子（すがわら えみこ）
東京外国語大学フランス科卒。共訳書『老いの歴史』（筑摩書房）など。
宮本由美（みやもと ゆみ）
カナダ・ラバール大学人文学部卒。共訳書『母親の社会史』（筑摩書房）など。
迫　絹子（さこ きぬこ）
明治大学文学部卒。仏文翻訳者。
高橋雅子（たかはし まさこ）
慶応義塾大学文学部文学科仏文学専攻卒。仏文翻訳者。

女性と暴力――世界の女たちは告発する

2000年6月20日　第一刷発行

本体2400円＋税――定価
ミシェル・デイラス――監修
日仏女性資料センター翻訳グループ――訳者
伊勢功治――装幀
西谷能英――発行者
株式会社未來社――発行所
東京都文京区小石川3-7-2
http://www.miraisha.co.jp/
Email:info@miraisha.co.jp

振替00170-3-87385
☎(03)3814-5521～4
図書印刷――印刷・製本
ISBN4-624-50128-4 C0036

インド盗賊の女王
プーラン・デヴィの真実
■マラ・セン著■
■鳥居千代香訳■
今世紀の伝説〝プーラン・デヴィ神話〟はなぜ生まれたのか。インド出身の女性ジャーナリストが、数々の伝説に彩られた「盗賊の女王」の実像に迫った伝記の決定版！

二二〇〇円

一〇〇人の息子がほしい
■ビューミラー著■
■高橋光子訳■
〔インドの女の物語〕ダウリ（高額の花嫁持参金）やサティー（殉死）、パルダの風習に生きる女、あるいは芸術・政治・女性運動に燃える女に直に接し、その生な感じ方を伝えた記録。

三五〇〇円

イヴの隠れた顔
■サーダウィ著■
■村上真弓訳■
〔アラブ世界の女たち〕アラブ世界に今なおとり行われる割札などの野蛮な風習から女性に対する政治・経済・文化的抑圧を抉り出し、女性の解放と自由を執拗に問う苛烈なる論考。

三八〇〇円

「従軍慰安婦」問題と性暴力
■鈴木裕子著■
「従軍慰安婦」問題で問われているのは何か。「従軍慰安婦」を生み出した歴史的土壌を明らかにし、現代の性暴力、売春に連続する問題として捉え、「性と人権」の視点から問う。

二〇〇〇円

戦争責任とジェンダー
■鈴木裕子著■
〔「自由主義史観」と日本軍「慰安婦」問題〕「国民基金」政策に次いで登場してきた「自由主義史観」。「慰安婦」問題をめぐる動きを検証し、性暴力の視点から戦争責任を問う。

二二〇〇円

闘争するフェミニズムへ
■大越愛子著■
日本のフェミニズムの主要な課題として性差別を生み出した日本の近代化を取上げ、差別がどう構造化されたかを解明。日本文化の性差別解体にむけてのフェミニズム批評実践。

二六〇〇円

（表示価格は税別）